POLÊMICAS TRABALHISTAS

ALEXEI ALMEIDA CHAPPER

Advogado formado pela Universidade Católica de Pelotas — UCPEL. Aluno do curso de especialização em direito do trabalho e processual do trabalho pela Pontifícia Universidade Católica do Rio Grande do SUL — PUC/RS. Vencedor de 4 concursos nacionais de monografias jurídicas.

POLÊMICAS TRABALHISTAS

MONOGRAFIAS VENCEDORAS:

— Prescrição no direito do trabalho e as modificações processuais

— As consequências da declaração de inconstitucionalidade pelo STF do § 2º do art. 453 da CLT

— Desenvolvimento econômico e o Direito do Trabalho

Dados Internacionais de Catalogação na Publicação (CIP)
(Câmara Brasileira do Livro, SP, Brasil)

Chapper, Alexei Almeida

Polêmicas trabalhistas / Alexei Almeida Chapper. — São Paulo : LTr, 2010.
"Monografias vencedoras: Prescrição no direito do trabalho e as modificações processuais — As consequências da declaração de inconstitucionalidade pelo STF do § 2º do art. 453 da CLT — Desenvolvimento econômico e o direito do trabalho".

Bibliografia.

ISBN 978-85-361-1470-5

1. Direito do trabalho 2. Direito do trabalho — Brasil I. Título.

09-12447   CDU-34:331(81)

Índice para catálogo sistemático:

1. Brasil : Polêmicas trabalhistas : Direito do trabalho 34:331(81)

Produção Gráfica e Editoração Eletrônica: **R. P. TIEZZI**
Capa: **FABIO GIGLIO**
Impressão: **COMETA GRÁFICA E EDITORA**

© Todos os direitos reservados

EDITORA LTDA.

Rua Jaguaribe, 571 — CEP 01224-001— Fone (11) 2167-1101
São Paulo, SP — Brasil — www.ltr.com.br

LTr 4074.1   Janeiro, 2010

Ofereço este trabalho à minha amada família por todo o apoio, carinho e compreensão nos ansiosos e apreensivos momentos que antecederam a sua conclusão.

Sumário

Prefácio — *Georgenor de Sousa Franco Filho* 9

1. Prescrição no direito do trabalho e as modificações processuais
Prêmio Octavio Bueno Magano 2006

Introdução 11
1. As feições genéricas do instituto da prescrição 14
2. As modificações e a adequação às novas normas 16
    2.1. Da irrelevância da lei 16
    2.2. Da acessoriedade e revocatoriedade da lei 16
3. Rápido histórico das alterações 16
4. Transformações pertinentes ao tema 17
5. A competência da Justiça do Trabalho 18
6. Analogia e inovação no conceito de direito adquirido 20
7. Os princípios e o Estado Democrático de Direito 22
8. A Lei n. 11.280/06 e seus efeitos para o direito 24
9. O real sentido da Emenda Constitucional n. 45/04 30
10. Considerações finais: a evolução humana, a utilização do direito e a busca pelo verdadeiro instinto 32

2. As consequências da declaração de inconstitucionalidade pelo STF do § 2º do art. 453 da CLT
Prêmio Orlando Teixeira da Costa 2007

Introdução 39
1. Inconstitucionalidade dos parágrafos do art. 453 da CLT: apresentação da situação 40
2. Efeitos da inconstitucionalidade: interpretação e visão constitucional da questão 50
3. Uma premissa estabelecida e o surgimento de dois tipos de trabalhadores 52
    3.1. Aposentado e inativo por vontade própria 55
    3.2. Aposentado por vontade própria, mas inativo somente por determinação alheia à sua vontade! 56
4. Extinção do contrato de trabalho: vontade da lei, do empregador ou do empregado? 58

4.1. A vontade da lei 60
    4.1.1. A lei mal-interpretada pode ocasionar equívocos embaraçantes (parte I) 64
    4.1.2. Breve paralelo: não às inconstitucionalidades! 66
    4.1.3. A lei mal-interpretada pode ocasionar equívocos embaraçantes (parte II) 67
5. Alienados, desinformados ou ingênuos: em que grupo nos enquadraremos? 68
6. Caminho percorrido para o amadurecimento legal 70
7. OJ n. 177 do TST: seu nascimento, suas ações em vida e seus efeitos após a morte 73
    7.1. Nascimento da OJ n. 177: culpado ou inocente? 73
    7.2. Condenação: pena de morte à OJ n. 177 do TST 75
8. Supremacia da Constituição: no Brasil existe tal constatação? 88
9. A readmissão e o *caput* do art. 453 da CLT conjugados aos princípios, regras e às consequências da norma constitucional 90
10. Conclusão: as normas eternas: adequação, superação e desenvolvimento 97

3. Prêmio Bisa 2008 — Desenvolvimento Econômico e o Direito do Trabalho

Introdução 104
1. Estado, economia e sociedade: as "pistas" percorridas 107
2. Trabalho e capitalismo: pressupostos para a discussão magnate 109
    2.1. Mapeando a "pista" e remontando a globalização 112
3. O direito do trabalho e as transfigurações da modernidade 113
    3.1. O desenrolar dos anos 90 114
    3.2. As influências flexibilizadas 116
4. Construindo a questão da informalidade 117
    4.1. A informalidade e a sociedade brasileira 119
5. A questão da pejotização 123
    5.1. Os requisitos do contrato de trabalho e a pejotização 124
        5.1.1. Subordinação, dependência e alteridade 124
        5.1.2. Pessoalidade e pessoa física 125
    5.2. Os auditores fiscais e a pejotização 127
    5.3. O trabalho intelectual e a pejotização 128
6. Os princípios e o Estado Democrático de Direito 131
7. Reflexões finais: a norma fundamental e os desafios do Estado de Direito frente ao embate entre os direitos humanos e o mercado 134

Referências bibliográficas 141

Prefácio

Ao assumir a Presidência da Academia Nacional de Direito do Trabalho (ANDT), dentre outras iniciativas, propus à Diretoria que se criasse um concurso nacional de monografias jurídicas. Assim foi feito, e, a partir de 2006, passamos a ter essa exitosa promoção.

Ao primeiro concurso, concorreram vários candidatos, e, na categoria "Estudantes de Direito", o vencedor foi um jovem Acadêmico de Direito do Rio Grande do Sul, *Alexei Almeida Chapper*. Escreveu a monografia *Prescrição no Direito do Trabalho e as modificações Processuais*, analisando a ideia de não aplicação subsidiária da Lei n. 11.280/06, que cuida da prescrição de ofício, ao Direito do Trabalho; e, ao exame criterioso da comissão julgadora, formada pelos Acadêmicos *Arion Sayão Romita*, professor de Direito do Trabalho da UERJ e da UFRJ; *Alexandre de Souza Agra Belmonte*, desembargador do Tribunal Regional do Trabalho da 1ª Região; e *João de Lima Teixeira Filho*, advogado trabalhista e professor de Direito do Trabalho, recebeu, unanimemente, o Prêmio Octavio Bueno Magano. O texto premiado está nesta obra.

Era apenas o início de uma formidável sucessão de prêmios.

Em seguida, *Alexei Chapper* escreveu *As Consequências da Declaração de Inconstitucionalidade do § 2º do Art. 453 da CLT*, cuidando da continuidade do contrato de trabalho e de seus efeitos, como um todo, ainda que o empregado se aposente espontaneamente. Concorreu, no segundo certame da ANDT, na mesma categoria anterior, em 2007, e recebeu o Prêmio Orlando Teixeira da Costa, perante o parecer unânime da Comissão Julgadora formada pelos Acadêmicos *Cássio Mesquita Barros Júnior*, perito da Organização Internacional do Trabalho — OIT e professor titular da USP; *Luiz Carlos Amorim Robortella*, doutor em Direito pela USP e professor titular de Direito do Trabalho da Faculdade de Direito da Fundação Armando Álvares Penteado; e *Pedro Paulo Teixeira Manus*, atualmente Ministro do Tribunal Superior do Trabalho e Livre-Docente e Titular de Direito do Trabalho da PUC-SP. Sua monografia também faz parte deste livro.

Ano passado, 2008, a ANDT realizou o terceiro concurso. *Alexei Chapper* concorreu novamente, agora na categoria "Profissional de Direito". Escreveu a monografia *A Questão da Pejotização e da Informalidade*, e a Comissão Julgadora, formada por *Alexandre de Souza Agra Belmonte*, que já o avaliara em 2006; *Gustavo Adolpho Vogel Neto*, advogado e professor da Universidade Estácio de Sá; e *Zoraide Amaral de Souza*, doutora em Direito e professora da Universidade Gama Filho, conferiu--lhe o Prêmio *Coqueijo Costa*.

Nesse mesmo ano, escreveu a monografia *Desenvolvimento Econômico e o Direito do Trabalho*, fazendo considerações a partir de uma visualização comparativa e ousada entre as corridas de Fórmula 1 e os fenômenos da pejotização e da informalidade, recebendo o Prêmio Bisa de Monografias Jurídicas, outorgado pela Associação dos Magistrados Trabalhistas da 1ª Região — AMATRA I, considerando a manifestação da Comissão Julgadora formada pelos drs. *Sérgio Moreira de Oliveira*, ex-Presidente do Tribunal Regional do Trabalho da 17ª Região; *Salete Maria Polita Maccalóz*, Juíza Titular da 7ª Vara Federal do Rio de Janeiro e professora de Direito do Trabalho da UERG e da UCAM; e *Celso Soares*, advogado e ex-presidente do Instituto dos Advogados Brasileiros (IAB). O texto premiado é o terceiro a integrar esta obra.

Com efeito, o jovem advogado, há pouco graduado pela Universidade Católica de Pelotas (Rio Grande do Sul), revela-se de promissor futuro nas letras jurídicas brasileiras.

As sucessivas premiações, tratando de temas altamente polêmicos e relevantes, e de pouco exame pela doutrina nacional, demonstram esse aspecto. E, note-se, não apenas um jovem profissional do Direito, mais que isso: um estudioso sério que já se lança para além dos limites de seu estado natal, participando de eventos jurídicos e publicando seus ensaios jurídicos.

Vejo este livro de estreia, *Polêmicas Trabalhistas*, como um anúncio do surgimento de um novo e promissor jurista nas letras do Direito do Trabalho do Brasil, o dr. *Alexei Almeida Chapper*. E todos são premiados com isso.

Belém do Pará, verão amazônico de 2009.

Georgenor de Sousa Franco Filho
Juiz Togado do TRT da 8ª Região. Professor Titular de
Direito Internacional da UNAMA.
Doutor em Direito pela Universidade de São Paulo.
Presidente da Academia Nacional de Direito do Trabalho.

Prescrição no Direito do Trabalho e as Modificações Processuais — Prêmio Octavio Bueno Magano 2006

Introdução

Em um trabalho científico tradicional, usualmente, existe a preocupação em se fazer referência às ideias, frases ou conclusões de autores já consagrados na doutrina para, assim, ratificar, com maior respeito e consideração, as diversas posições adotadas acerca do objeto central enfocado, fundamentando respostas às perguntas formuladas no decorrer do estudo.

Neste ensaio, porém, não será eficaz a busca por conceitos prontos e acabados a respeito do que se irá começar a discutir. O tema deste trabalho científico é extremamente atual e, felizmente, obriga aqueles que se habilitarem à resolução das dúvidas e problemas — decorrentes no transcorrer do mesmo — a serem juristas na verdadeira acepção da palavra.

Não se coaduna ao comportamento do estudante e do jurista o contentamento, a conformidade e a estagnação diante de formulações alheias, possivelmente corretas e apropriadas, mas não pensadas; e sim repetidas.

Outrossim, as informações provenientes do pensamento consagrado na doutrina não devem ser priorizadas em face das conclusões próprias do jurista, que as faz a partir do Direito como um todo e deste Direito aplicado à realidade social.

Ao longo do estudo, vamos expor pensamentos e considerações críticas, de maneira respeitosa e humilde, buscando motivação no audacioso espírito do jurista ideal, ansioso por conhecimento e também preocupado em aprender a transmiti--lo e modificá-lo.

Antes de aprofundar os debates mais densos e polêmicos, precisamos estabelecer os aspectos gerais deste complexo instituto conhecido por prescrição. Destarte, vamos firmar uma determinada postura atribuída ao titular do direito de ação para que, assim, possa se consumar a prescrição.

Veremos, também, quais são as conjunturas necessárias para que se faça uso da prescrição; quais circunstâncias precisam ocorrer para o instituto em tela se manifestar; como se dará essa manifestação prescricional; e a que sujeitos o fenômeno prescricional poderá atingir a partir de seus efeitos.

Definidas as peculiaridades e, igualmente, os fundamentos da prescrição, poderemos estudar, brevemente, as razões motivadoras do surgimento do instituto; e também algo sobre a sua evolução histórica com o intuito de arriscar suposições sobre como deverá evoluir futuramente.

Firmado o terreno para as indagações, estudaremos as modificações processuais referentes à prescrição, explicando, sobretudo, o que representam tais modificações. Definiremos como deverão as novas leis se adaptar ao ordenamento jurídico preestabelecido; quais são as principais modificações relativas à prescrição; e, finalmente, os seus possíveis e prováveis efeitos a contar de tais mudanças legislativas.

No capítulo que invocamos as modificações processuais, demonstraremos como as reformas vêm ocorrendo em sucessivas "ondas" de retificações por meio de mudanças nos Códigos e Emendas Constitucionais.

Não deixaremos de enfrentar a contemporânea questão referente à modificação e ampliação de competência da Justiça do Trabalho. Para tanto, enfocaremos a vontade do legislador, o momento atual e a natureza jurídica dos diversos direitos cuja competência para julgamento foi alterada pela Emenda Constitucional n. 45/04.

Necessitamos conhecer a razão de ter sido promulgada a debatida Emenda Constitucional n. 45/04. Dessarte, perguntaremos:

1. O que muda a partir da publicação da Emenda Constitucional n. 45/04?

2. As mudanças podem ser consideradas positivas? Sobre que aspectos?

3. Poderão se aplicar as modificações cíveis referentes à prescrição ao ramo especializado trabalhista, em face da mudança de competência da Justiça do Trabalho? Ou, nos moldes do Direito do Trabalho, não haveria espaço para tal aplicação subsidiária em razão dos princípios norteadores?

Correlacionando as modificações processuais referentes à prescrição com as mudanças anteriores do instituto — na transição do Código Civil de 1916 para o atual Código de 2002 — apresentaremos efeitos e conclusões essenciais à compreensão do momento instável que teremos de enfrentar.

Adicionando ao debate a nova competência da Justiça do Trabalho, advinda pela redação da Emenda Constitucional n. 45/04, seremos hábeis a visualizar melhor a situação crítica pela qual ora passamos.

Ademais, estamos na iminência de vivenciar uma modificação legislativa, em nossa sincera opinião, das mais dramáticas e questionáveis até hoje já implementadas em nosso ordenamento: a Lei n. 11.280/06.

A possível influência da Lei n. 11.280/06, que determina a prescrição de ofício por parte do magistrado, sendo aplicada também ao Direito do Trabalho, não irá se contentar em apenas modificar e alterar todo o esforço já empreendido para identificar o instituto da prescrição e diferenciá-lo, satisfatoriamente, da decadência.

Tal aplicação subsidiária da legislação civil poderá também pôr em risco princípios basilares do Direito do Trabalho, o que, desde já afirmamos, é inaceitável.

Os princípios regentes do Direito do Trabalho serão, de maneira sucinta, analisados, tomando por base argumentativa as suas funções na sociedade, as suas razões de existência e as constantes ameaças que vêm sofrendo em virtude de modificações legislativas influentes, direta ou indiretamente, à prescrição.

Faremos, ainda, uma sugestão ao tratarmos do conflito que poderá surgir e se manifestar quanto à aplicação de determinados prazos prescricionais para pretensões cuja competência de julgamento está colocada em dúvida. Vamos definir se a competência para tais matérias será da Justiça Comum ou da Justiça Especializada Trabalhista, tomando como parâmetro as naturezas jurídicas enfocadas. O que formulamos, na tentativa de solucionar conflitos e evitar injustiças, acredita-se ser algo inédito, afinal, na doutrina, jamais encontramos tal resposta a esta problemática, incrivelmente instigante e intrigante. Inédita ou não, a ideia, certamente, não é de todo ruim, pois, nela se tentará conciliar as modificações legais (admissíveis se não entrarem em colisão com princípios trabalhistas) com a realidade social.

Grande parte de nossas afirmações serão proferidas e fundamentadas na necessária visão estatal que, tanto nós cidadãos, como nossos legisladores precisam observar antes de realizar qualquer modificação processual ou interpretação legal. Tal visão, ou modo de organização, encontra-se fortificada pela rigidez constitucional, definindo a República Federativa do Brasil como um Estado Democrático de Direito.

Da definição *supra*, decorrem diversas conclusões e efeitos, só exteriorizados positivamente, como se objetivou outrora, quando da feitura e promulgação da Constituição Federal de 1988, se cumpridas algumas óbvias e específicas condições.

Todavia, por vezes, o legislador aparenta esquecer que precisa cumprir com eficiência o seu mister. Não se pode ignorar a definição de Estado Democrático de Direito que, mesmo escrita na Carta Magna, é constantemente desprezada em nosso país.

Questionaremos a admissibilidade da Lei n. 11.280/06, expondo argumentos favoráveis e desfavoráveis, sempre por meio de críticas baseadas nos amplos princípios do Direito e, mais estritamente, nos princípios que regem o Direito do Trabalho.

Antes de concluirmos, falaremos sobre os motivos plausíveis para a concretização da Emenda Constitucional n. 45/04 que, na verdade, serviu de "colete salva vidas" à Justiça do Trabalho, até então em flagrante perigo e "na mira" de extinção pelas classes patronais.

Dadas as nossas impressões e constatações sobre o tema, terminaremos com suposições e reflexões sobre o Direito e a sua utilização pela sociedade para, então, tentarmos chegar à noção de importância que as modificações feitas por meio desta ciência podem causar e, fatalmente, causarão.

Rudolf Von Ihering (*A luta pelo direito*, p. 27) sintetiza o nosso posicionamento com a seguinte frase: "O fim do Direito é a paz, o meio de que se serve para consegui-lo é a luta".

1. As feições genéricas do instituto da prescrição

A prescrição é o modo pelo qual a certeza de acolhimento de uma pretensão não mais está concretizada em função da inércia do credor e do decurso de um prazo temporal. A exaustão dessa pretensão decorre de se conjugarem os dois requisitos supracitados. Uma pretensão, fundada em um direito anterior e legítimo, se extingue em razão de inércia por não haver a utilização do titular de um direito subjetivo (direito de ação), sem o qual não conseguiria impor ao devedor aquele mesmo direito.

Essa inércia ou falta do interesse necessário para realizar algo a que se tenha direito em detrimento do direito de outrem, se faz nítida na não interposição da ação, ou, mais especificamente, na não propositura de uma reclamatória trabalhista, reivindicando o que pressupõe ser justo. Além disso, a referida ação deve ser negligenciada pelo titular, quanto à sua propositura, por um determinado período de tempo para uma pretensão perder a certeza de procedência de um direito pertinente.

Humberto Theodoro Jr. define:

"a prescrição faz extinguir o direito de uma pessoa a exigir de outra uma prestação, ou seja, provoca a extinção da pretensão, quando não exercida no prazo definido na lei". (*Comentários ao novo Código Civil*. 2. ed. v. 3, p. 151)

É importante salientar que o direito de ação, modificado pelo Direito Processual moderno, separou-se do direito material da parte, passando a integrar um direito público em que se torna possível, por provocação da parte, acionar a atividade e a consequente prestação jurisdicional do Estado (por meio de uma ação), tenha a formação do litígio sentido jurídico ou não. Ratifica o exposto, quando o acolhimento da prescrição, seja antes ou depois das reformas processuais referentes ao instituto, corresponde a uma sentença de mérito, prolatada, enfim, ao final de uma ação!

Dessa forma, o ato jurisdicional conhecido por ação não é motivado pela violação ou exaurimento do direito subjetivo (ele se mantém intacto), mas sim do direito material que, reconhecido ou não em uma sentença de mérito, só é apreciado graças a uma ação antes promovida.

A ocorrência das qualidades, ou melhor, dos requisitos inicialmente atribuídos à postura do titular da pretensão (inércia somada ao tempo transcorrido), acaba por tornar inexistente uma ação que satisfaça aquela pretensão, trazendo o direito nela contido à segurança jurídica que a prescrição almeja consolidar.

A segurança jurídica das relações sociais é o fundamento maior da existência do instituto abordado neste trabalho. Acima de todos os motivos também pertinentes para a utilização da prescrição, inclusive à justiça, está, ao olhar dos doutrinadores, a maneira encontrada pelo legislador de impossibilitar a perpetuidade de um litígio, o que é claramente ofensivo à ordem pública necessária para a efetivação da própria justiça e dos outros fundamentos protegidos pelo instituto.

Essa primazia pela ordem pública de forma alguma deixa de fazer justiça ou realiza injustiças em função daquela. Sucede que entre a eterna garantia de um direito justo, e não exercitado por seu titular, e a paz social, o legislador optou por esta última, prioritariamente, sem desprezar a busca pela justiça ao prever um tempo razoável para reclamar a pretensão com total aparato da tutela jurisdicional do Estado.

Do princípio da estabilidade das relações jurídicas aplicado à realidade social, se extraem diversas conclusões, a seguir comentadas, consideradas essenciais para o convívio pacífico em sociedade.

Concorrem para justificar a incidência da prescrição:

1. a proteção aos obrigados, que sem o instituto continuariam à mercê dos credores, no papel de devedores, indefinidamente;

2. a presunção de desistência do direito de seu titular, pela não arguição deste em Juízo num período de tempo, certamente, capaz para fazê-lo;

3. a fixação de uma espécie de sanção ao titular do direito que, ao reclamá-lo tardiamente, atenta contra a ordem pública e, por isso, se submete, mesmo contra sua vontade, aos efeitos da prescrição arguida por quem, realmente, deveria realizar um determinado comportamento antes de concretizada a prescrição.

Os valores éticos são reconhecidos e não impostos pela legislação vigente. Prova disso é a possibilidade do devedor, moralmente obrigado a extinguir sua relação jurídica com o credor com o adimplemento dessa obrigação, que os une e cria a relação jurídica, mesmo com a consumação da inércia combinada com o tempo, resultando na prescrição do pretendido, poder ainda realizar o pagamento, embora não mais compelido por uma determinação legal. Porém, uma vez feito o pagamento, não mais será repetido. (art. 882 do Código Civil de 2002)

É evidente estar a relação de emprego impregnada e, em grande parte, fundamentada em princípios de ordem moral. Porém, isto não é de relevância para manifestar-se a prescrição. Tanto o credor como o devedor, dentro do plano psicológico de cada um, permitiram a sua ocorrência, não cabendo, portanto, a discussão entre boa ou má-fé de qualquer das partes envolvidas em todos os diversos ramos do Direito, dentre eles o Direito do Trabalho.

Essa conclusão se extrai do objetivo primordial do instituto que, vale ressaltar, não é a justiça pura e simples, mas a segurança jurídica em uma ordem pública estável para, só então, passar a perseguir, comprometido nessa perspectiva, uma justiça mais ampla e possivelmente alcançável, sem sacrificar o interesse social de paz jurídica.

2. As modificações e a adequação às novas normas

A exposição ou publicação de uma obra doutrinária ou científica, posterior no tempo à outra preexistente, não põe em risco a validade já consolidada pelo pensamento dos autores que a antecedem por meio de seus trabalhos. Mesmo de forma antagônica, passam a coexistir todas as ideias consubstanciadas em tais obras, cabendo à sociedade a tarefa de aceitá-las ou não, dentro da subjetividade do discernimento que todo ser social possui.

Já no "mundo do Direito", não se pode afirmar o que acaba de ser dito com a mesma taxatividade. Quando uma lei é promulgada e publicada, estendendo seus efeitos à população, estes se manifestarão de diversas maneiras, mas desta vez, impostos à sociedade.

Além do grupo social, as demais leis preexistentes também deverão adaptar-se à nova situação jurídica resultante de uma nova lei criada. Para leis já existentes, classificamos como sendo três os principais efeitos, capazes de fazê-las adequar-se conforme cada situação. São eles:

a) irrelevância;

b) acessoriedade;

c) revocatoriedade.

2.1. Da irrelevância da lei

Uma lei ao criar uma situação jurídica até então inexistente e, portanto, não regulamentada por lei anterior, *a priori* atendendo aos princípios constitucionais, em nada irá influenciar na aplicação das outras leis, já antes presentes no ordenamento jurídico. Em tal hipótese, estaria caracterizado o papel irrelevante da nova lei em relação às demais.

2.2. Da acessoriedade e revocatoriedade da lei

Situação diversa ocorre quando a nova lei trata de assuntos particularmente pertinentes à aplicação ou à matéria de determinadas leis anteriores. Na primeira hipótese, a nova lei possuirá efeito acessório à lei anterior, que se beneficia e se completa em função daquela. Já na segunda constatação, se a nova lei tratar de matéria idêntica à prevista na lei anterior, modificando sua interpretação, a revogação desta última é o efeito natural, podendo ser expresso ou tacitamente notado com a publicação ou aplicação da nova lei.

3. Rápido histórico das alterações

A Constituição de 1988, até o presente momento, já sofreu cinquenta e duas emendas em seu texto original. Começaram as mudanças em 1992, quando se tratou da remuneração de deputados estaduais e vereadores (Emenda Constitucional

n. 1), até os dias de hoje, convalidando os atos de criação, fusão, incorporação e desmembramento de Municípios por meio da Emenda Constitucional n. 57.

Diversas foram também as mudanças instituídas no Código de Processo Civil desde a sua edição. As reformas no CPC se intensificaram também a partir do ano de 1992 quando, em vez de confeccionar um novo Código de Processo Civil, elas se fizeram necessárias por meio de pequenas e sucessivas alterações feitas pelo Poder Legislativo, devido ao desfavorável momento político vivenciado na época (Governo Collor) para tal reedição ser realizada em lugar das retificações.

A adaptação do Direito brasileiro à realidade social também ocorreu com a edição de um novo Código Civil no ano de 2002, revogando o antigo Código de 1916 que, incrivelmente, perdurou no tempo por 86 anos.

Observe-se que todas as variações e retificações oriundas de tais reformas trouxeram, ou deveriam ter trazido, consigo os novos valores e necessidades urgentes da sociedade atual.

4. Transformações pertinentes ao tema

Para a realização deste trabalho, será de fundamental importância a análise de algumas modificações que se relacionam, direta e indiretamente, ao tema proposto: a Emenda Constitucional n. 45/04; a relação entre os Códigos Civis de 1916 e 2002; e as consequências da famigerada Lei n. 11.280/06.

Consideramos como objeto deste texto responder as seguintes indagações:

1. A partir da Emenda Constitucional n. 45/04, as ações de indenização por dano moral ou patrimonial, decorrentes da relação de trabalho serão de competência da Justiça do Trabalho (art. 114, CF) ou da Justiça Estadual (art. 109, I, CF)?

2. A natureza do direito em questão *supra* é materialmente trabalhista ou cível?

3. Sendo cível a natureza, qual seria o sentido da Emenda Constitucional n. 45/04 em modificar a competência para o julgamento de tal matéria?

Para tanto, será necessário perquirir:

a) Como ficarão os prazos prescricionais conflitantes entre a Emenda Constitucional n. 45/04, o Código de 1916 e o Diploma Legal Civil de 2002?

b) Poderá a Emenda Constitucional n. 45/04 retroagir, aplicando-se os prazos prescricionais, a partir dela previstos ou entendidos analogicamente, aos casos anteriores à sua vigência?

c) A modificação do Código de Processo Civil e a consequente revogação de artigos do Código Civil de 2002, em função da Lei n. 11.280/06, serão aplicáveis subsidiariamente à Consolidação das Leis do Trabalho?

d) Se for admitida a aplicação subsidiária, referida na pergunta anterior, estaria sendo contrariado ou ferido algum princípio trabalhista?

São todas elas questões cujas respostas buscaremos no decorrer do trabalho.

5. A competência da Justiça do Trabalho

A importância da atual discussão sobre a prescrição e suas modificações processuais quanto à aplicação de seus prazos terá fundamental relevância se, primeiramente, for comprovada a mudança de competência da Justiça do Trabalho, em função da Emenda Constitucional n. 45/04.

Antes da entrada em vigor da debatida emenda, era pacífico na jurisprudência que as ações por dano moral ou patrimonial resultantes de acidentes de trabalho seriam de competência da Justiça comum, ou seja, julgadas por Juiz de Direito.

Súmula n. 15 STJ: "COMPETE À JUSTIÇA ESTADUAL PROCESSAR E JULGAR OS LITÍGIOS DECORRENTES DE ACIDENTE DO TRABALHO".

Verifiquemos, a propósito, o posicionamento jurisprudencial:

RE-AgR 388227/SP — SÃO PAULO

AG.REG. NO RECURSO EXTRAORDINÁRIO

EMENTA: 1. Competência: Justiça comum: CF, art. 109, I: ação de indenização fundada em acidente do trabalho, ainda quando movida contra o empregador: precedente (RE 349.160, 1ª T., Pertence, DJ 14.3.03). 2. Agravo regimental manifestamente infundado: aplicação da multa de 5% (cinco por cento) sobre o valor corrigido da causa (C.Pr.Civil, art. 557, § 2º).

AI-AgR 485085/SP — SÃO PAULO AG.REG.NO AGRAVO DE INSTRUMENTO — EMENTA: AGRAVO DE INSTRUMENTO — JULGAMENTO DAS AÇÕES DE INDENIZAÇÃO FUNDADAS EM ACIDENTE DE TRABALHO — COMPETÊNCIA DA JUSTIÇA COMUM — RECURSO DE AGRAVO IMPROVIDO. — Compete à Justiça comum dos Estados-membros e do Distrito Federal, e não à Justiça do Trabalho, o julgamento das ações de indenização fundadas em acidente de trabalho. (<http://www.stf.gov.br/jurisprudenc?s1=competencia+acidente+de+trabalho&p=3&d=SJU>) (terça--feira, 25 de julho de 2006 — 14:14h)

Essa interpretação inicial, mostrada na jurisprudência, se dava em função do art. 109, I da Constituição Federal de 1988:

Art. 109. Aos juízes federais compete processar e julgar:

I — as causas em que a União, entidade autárquica ou empresa pública federal forem interessadas na condição de autoras, rés, assistentes ou oponentes, exceto as de falência, as de acidentes de trabalho e as sujeitas à Justiça Eleitoral e à Justiça do Trabalho.

A competência da Justiça Federal é tratada de forma taxativa pela Constituição Federal. Logo, o que não for de competência da Justiça Federal será, subsidiariamente, matéria de competência da Justiça Comum. Desta afirmação se conclui que a matéria, por não ser da competência da Justiça Federal, é de competência da Justiça Comum.

Além disso, os referidos danos são, para muitos, originalmente cíveis, com base na Constituição de 1946 e no Código Civil de 1916 em que tais reparações, oriundas da relação de trabalho, eram sempre processadas pela Justiça Comum.

Com outra visão encontram-se os que consideram a matéria como trabalhista e não cível porque todas as indenizações por acidentes de trabalho, com danos morais e patrimoniais advindas de uma relação de trabalho, necessariamente precisam estar conectadas a esta relação causal específica.

Não existindo a relação de trabalho entre o obreiro e o empregador, por obviedade, nunca se poderá entrar com uma ação pleiteando acidente de trabalho, seja a competência cível ou trabalhista.

Com a Emenda n. 45/04, parece ter sido firmada pelo legislador a segunda vertente trabalhista, pois o art. 114 da Constituição Federal, claramente atribuiu nova competência à Justiça do Trabalho, ampliando-a sensivelmente.

Ora, por uma questão de razoabilidade — na qual acreditamos deve amparar--se o legislador — fazemos a afirmação do parágrafo anterior, visto ser, em princípio, a nosso ver, no mínimo estranha para não dizer equivocada, a mudança de competência de juízo para tratar de determinado tipo de conflito se este não for materialmente compatível com a nova jurisdição a ele atribuída.

Verificada a mudança de competência da Justiça do Trabalho, mostra-se lógica a intenção do legislador de serem aplicados os princípios, ritos e prazos deste novo ramo especializado do Direito. Entretanto, para que aquela vontade legislativa possa ser aplicada, é mister posicionar-se, definitivamente, sobre a materialidade desses direitos transmitidos de um Juízo para outro.

Tais direitos, originados da relação de trabalho, hoje vistos pela doutrina como tendo natureza cível ou trabalhista, não mais poderão ser suscetíveis dessa interpretação dúbia quanto à sua materialidade. Parece-nos claro que, se entendidos como trabalhistas, seguirão os princípios, ritos e prazos da Justiça do Trabalho (Constituição Federal e Consolidação das Leis do Trabalho), mas, de outro lado, se materialmente cíveis, deverão, embora sendo julgados por órgão trabalhista (art. 114), seguir os princípios e prazos previstos pelo Código Civil. Isso seria um absurdo sob nosso ponto de vista, dada a finalidade da Emenda Constitucional n. 45.

Mesmo após uma definição concreta sobre a materialidade de tais direitos, cuja competência de julgamento foi transferida pela Emenda Constitucional n. 45/04, não se poderá ainda afirmar com tranquilidade de êxito, como serão contados os prazos prescricionais. Isto porque, admitindo-se a matéria como trabalhista, o prazo prescricional a ser aplicado será o do art. 7º, XXIX da Constituição Federal para os casos ocorridos depois da entrada em vigor da emenda, mas, em relação aos anteriores a ela, qual será a posição doutrinária e jurisprudencial?

Entendemos que, havendo uma pretensão, fundada num direito anterior à Emenda n. 45, deve continuar sendo possível aplicar a prescrição prevista nos Códigos Civis de 1916 e 2002, não retroagindo os efeitos da emenda supracitada, salvo se beneficiar o trabalhador. Nossa posição se fundamenta no próprio Direito do Trabalho, que se rege por princípios protecionistas ao trabalhador.

O parágrafo único do art. 8º da CLT não permite que o Direito Comum seja fonte subsidiária do Direito do Trabalho, quando for incompatível com os princípios fundamentais desse ramo especializado.

Em um primeiro momento, o Supremo Tribunal Federal, invocando o art. 109, I, da Constituição Federal, reconhecia que determinados conflitos deveriam ser dirimidos pela Justiça Estadual, conforme dá notícia o julgamento de diversos conflitos de competência, instaurados envolvendo danos oriundos de acidente de trabalho.

Posteriormente, o STF sinalizou pela revisão de seu posicionamento para reconhecer a ampliação de competência da Justiça do Trabalho, o que provocou a remessa de processos ajuizados na Justiça Comum por empregados contra seus empregadores à Justiça do Trabalho, envolvendo reparação de danos morais e patrimoniais decorrentes de acidente de trabalho.

Ora, se mesmo com a Emenda n. 45 em vigor, em um primeiro momento até mesmo o STF atribuiu à Justiça Comum a competência para julgar os direitos em questão. Se Constituições e Códigos anteriores também previam tal competência da Justiça Comum, além é claro, de grande parte da doutrina brasileira, seria, manifestamente, injusto exigir do trabalhador que, de boa-fé, acatou estes posicionamentos respeitáveis, perdesse a certeza de seu direito ser tutelado pelo Estado em razão do novo prazo cabível para o exercício de direitos equivalentes.

Diversas serão as interpretações e soluções formuladas pela doutrina até a jurisprudência firmar posição sobre o assunto. Mas, antes disso, cabe a nós, estudiosos do Direito, a tarefa de pesquisar, questionar, e acima de tudo, supor e imaginar o futuro, para que então possamos arriscar, com uma fundamentação coerente, o que for considerado como sendo mais apropriado e justo sobre tão controversa matéria. Eis o que passamos a fazer.

6. Analogia e inovação no conceito de direito adquirido

Acreditamos que o uso da analogia será de grande importância para a resolução deste aparente conflito entre a aplicação dos prazos do Código Civil ou da Justiça do Trabalho, para a matéria transladada pela Emenda n. 45. Exemplificaremos utilizando o dano moral e patrimonial decorrente da relação de trabalho.

Lei de Introdução do Código Civil de 2002

Art. 4º Quando a lei for omissa, o juiz decidirá o caso de acordo com a analogia, os costumes e os princípios gerais do direito.

Quando o Código Civil de 1916 foi revogado pelo atual Diploma Legal de 2002, as disposições finais e transitórias estabeleceram que os prazos, regidos pelo Código de 1916, já transcorridos em mais da metade, na entrada em vigor do novo código, seguiriam o estabelecido na lei anterior, ou melhor, com vinte anos em vez dos três atualmente previstos, do nascimento da pretensão, para ingressar com ação capaz de satisfazê-la.

Assim estabelece o **art. 2.028**:

Serão os da lei anterior os prazos, quando reduzidos por este Código e se, na data de sua entrada em vigor, já houver transcorrido mais da metade do tempo estabelecido na lei revogada.

Aos prazos que não tivessem passado mais de sua metade e para os casos posteriores à mudança do Código Civil os novos prazos iriam vigorar.

Lei de Introdução do Código Civil de 2002

Art. 6º A Lei em vigor terá efeito imediato e geral, respeitados o ato jurídico perfeito, o direito adquirido e a coisa julgada.

O § 2º deste artigo diz:

Consideram-se adquiridos os direitos que o seu titular, ou alguém por ele possa exercer como aqueles cujo começo do exercício tenha termo pré-fixo, ou condição preestabelecida inalterável a arbítrio de outrem.

Analisando os artigos transcritos e relacionando-os, percebemos algo que nos causou surpresa e inquietação por não ter sido possível tal constatação ou hipótese antes desta pesquisa.

Se existe um artigo (art. 2.028 CC/02) que determina como serão computados os prazos na transição do Código (1916/2002); se este artigo delimita, através de um decurso temporal preestabelecido, quais casos serão abrangidos pela nova Lei (CC/02) e quais não (mantendo-se sob a égide dos prazos fixados no Código anterior de 1916); e, finalmente, se a Lei de Introdução protege o direito adquirido (art. 6º da Lei de Introdução do CC de 2002); pergunta-se: por analogia, somada à conexão feita entre os artigos supramencionados, seriam os prazos, anteriores à Emenda n. 45, transcorridos em mais da metade, um direito adquirido dos trabalhadores interessados?

Se a resposta à pergunta acima for positiva, como pensamos, utilizando-nos de analogia, poderemos aplicá-la à Emenda n. 45, quanto aos prazos, que divergem quando vistos pelo Código Civil anterior, o atual e a CLT, que faz uso da Constituição para determinar os prazos prescricionais.

Portanto, tendo transcorrido mais da metade do prazo prescricional a parte terá adquirido o direito de manter-se sob a sua influência, e deverá fazê-lo, a menos que a nova lei seja suficientemente satisfatória para acolher sua pretensão legítima.

Se, por outro lado, negarmos a possibilidade de adquirir o direito a um prazo, em muitos casos, nitidamente, mais benéfico ao trabalhador, não se estará a fazer bom uso do Direito do Trabalho, como ele se propõe a existir, tendo como princípio fundamental e basilar a defesa e proteção do trabalhador.

Mesmo não sendo este prazo ainda completo, como no caso citado anteriormente em que a prescrição inicia e termina dentro da vigência da mesma lei revogada, quando o direito adquirido é, pacificamente, aceito, encontramos subsídios legais para considerar também estes prazos, inacabados, mas transcorridos em mais da metade, como um direito adquirido. E isto tudo somente será possível por meio de analogia, que se faz extremamente necessária para que não se cometam injustiças.

Para reforçar e fundamentar nossa posição e adentrar na questão principal deste estudo — prescrição de ofício e seus efeitos na seara trabalhista — vamos tecer sucintas anotações acerca do inter-relacionamento entre os princípios do Direito do Trabalho, aos quais já nos referimos de maneira muito singela anteriormente.

7. Os princípios e o Estado Democrático de Direito

O Direito do Trabalho é baseado em princípios que inspiram a criação das regras jurídicas trabalhistas, dão fundamento a estas regras e servem de paradigma para as suas possíveis interpretações. Este ramo do Direito encontra-se em formação contínua, fazendo-se necessário um apoio, ou melhor, um alicerce para essa evolução da disciplina manter sua firmeza e solidez, sempre de forma fragmentária, mesmo com as variações normativas que venham a surgir com o passar do tempo e as mudanças da sociedade.

Os autores ainda não chegaram a um consenso quando tentam definir quais são os princípios trabalhistas. Confessamos também não termos conseguido acolher completamente os conceitos formulados pela doutrina, porém, acreditamos serem quatro os princípios, exclusivamente trabalhistas, além dos Princípios Gerais do Direito que, obviamente, se aplicam ao Direito do Trabalho.

A nosso ver, são princípios propriamente trabalhistas: o princípio da proteção ao trabalhador, o da irrenunciabilidade de direitos, o da realidade contratual e o da continuidade da relação de trabalho.

Deles, o mais importante para a análise neste momento jurídico delicado, quando as modificações processuais são intensas, é o da Proteção. Este princípio, particularmente trabalhista, assim como os outros, nasceu de princípios gerais do Direito, ligados à dignidade humana e à igualdade ou isonomia. Estes últimos, por sua vez, decorrem da definição do art. 1º, *caput*, da Constituição Federal, quando esta estabelece que o Brasil seja um Estado Democrático de Direito. É, portanto, desta afirmação contida na Carta Magna que se extraem e surgem já entrelaçados, os princípios da Dignidade e da Igualdade.

> Art. 1º A República Federativa do Brasil, formada pela união indissolúvel dos Estados e Municípios e do Distrito Federal, constitui-se em Estado Democrático de Direito.

O Estado Democrático de Direito busca assegurar não somente uma igualdade formal, mas uma igualdade material em que não só o arbítrio, mas também as distorções de ordem social serão combatidos com o mesmo afinco e dedicação com que o Estado meramente de Direito não se preocupa. É nesse momento de preocupação com o direito material que se inicia, por meio do Direito do Trabalho, a tutela estatal para fazer valer o que se buscou garantir ao ser promulgada a Constituição.

Protegendo a dignidade do trabalhador e igualando-o perante a sociedade, com tratamento desigual para os desiguais — como ensina *Ruy Barbosa* — estar-se-á, por um princípio específico do Direito do Trabalho, consubstanciando o que a Constituição já determina, não só pela menção à dignidade e à igualdade, mas também por suas próprias normas rígidas.

Ensina *José Afonso da Silva*:

A configuração do Estado Democrático de Direito não significa apenas unir formalmente os conceitos de Estado Democrático e Estado de Direito. Consiste, na verdade, na criação de um conceito novo, que leva em conta os conceitos dos elementos componentes, mas os supera na medida em que incorpora um componente revolucionário de transformação do *status quo*. E aí se entremostra a extrema importância do art. 1º da Constituição de 1988, quando afirma que a República Federativa do Brasil se constitui em Estado Democrático de Direito, só como mera promessa de organizar tal Estado, pois a Constituição aí já o está proclamando e fundando.

Américo Plá Rodrigues, cita *Barassi*, que afirma:

Tanto a Constituição como o Código Civil abandonaram o velho e bastante superado princípio de igualdade de direito em que estavam informados os códigos anteriores para acercar-se da igualdade de fato com a proteção do contratante economicamente mais débil. (*Princípios de direito do trabalho*, p. 30)

O Direito do Trabalho foi criado para ser — e deve ser para atingir as metas de um Estado Democrático de Direito — naturalmente, protecionista ao trabalhador. O art. 8º da CLT não só se refere aos princípios do Direito do Trabalho como uma fonte supletiva da matéria em caso de lacunas na lei, mas vai além quando determina que estes princípios são também pressupostos para o Direito Comum poder servir de fonte subsidiária do Direito do Trabalho.

Desta forma, o princípio da proteção ao trabalhador não só é pressuposto ou requisito de admissibilidade para a utilização do Direito Comum em omissões da Lei trabalhista. É também qualidade básica e fundamental da razão de existência do próprio Direito do Trabalho.

É sabido que, antes do surgimento do Direito do Trabalho, havia total liberdade entre as partes para contratar e mesmo firmar relações de trabalho. Sem qualquer restrição legal, trabalhadores contratavam, civilmente, como se estivessem em iguais condições de negociação com a outra parte, o que ocasionou diversas formas de exploração do trabalhador que, pela razão clara e óbvia de necessidade, se submetia e ainda hoje se submete àquela exploração.

Com a percepção dessa flagrante desigualdade social e econômica vivida pelo trabalhador em relação à outra parte no contrato de trabalho, foi elaborado o Direito do Trabalho para dirimir tais diferenças, impondo regras para a consecução dos contratos laborais, tornando material o direito antes simplesmente formal.

Nas palavras de *Radbruch*: "A ideia central em que o direito social se inspira não é a da igualdade entre as pessoas, mas a do nivelamento das desigualdades que entre elas existem. A igualdade deixa assim de constituir ponto de partida do direito para converter-se em meta ou aspiração da ordem jurídica." (*Introducción a la filosofía del derecho*. México, 1951. p. 162)

O Estado Democrático de Direito, para ser efetivo no cumprimento de seus deveres, precisa estar aparelhado, bem equipado e com regras jurídicas coerentes com o Direito consubstanciado na realidade social em que irá atuar. Não é esta, infelizmente, a situação fática vivenciada no Brasil. Os Poderes do Estado estão enfraquecidos por constantes escândalos de corrupção. Corrupção fortalecida e aumentada por meio de um poder Executivo ineficaz e inerte e um Legislativo preguiçoso, incompetente e simplista em suas soluções. E se não fosse o bastante, temos um Poder Judiciário extremamente lento em que a impunidade vigora em perspectivas alarmantes, visto estar atrelado às normas ordinárias. Para piorar este quadro, nos defrontamos com uma sociedade desorientada, assustada, acomodada e despolitizada.

As intenções daqueles no poder, investido pelo povo, representando e gerenciando este Estado Democrático de Direito, certamente, são louváveis quando tentam resolver dilemas atormentadores da paz social. Porém, não se pode, mesmo nessa fase crítica, esquecer a existência do Direito que é, junto com uma mudança radical de comportamento, o meio principal de se buscarem melhorias com as mudanças necessárias.

Pelo exposto, devemos aplaudir a tentativa de quem tiver a coragem de tomar providências, comemorando o que estiver correto e apropriado. Mas de forma alguma poderemos submeter-nos aos erros iníquos que viermos a perceber, mesmo quando proferidos com a melhor das intenções para a possível solução de algo perturbador, pois, se estará criando outro problema futuro e de difícil solução.

8. A Lei n. 11.280/06 e seus efeitos para o direito

Foi editada, em 16 de fevereiro de 2006, a Lei Federal n. 11.280, entrando em vigor no dia 17 de junho de 2006. Esta Lei alterou os arts. 112, 114, 154, 219, 253, 305, 322, 338, 489 e 555 do Código de Processo Civil referentes à incompetência relativa, meios eletrônicos, prescrição, distribuição por dependência, exceção de incompetência, revelia, carta precatória e rogatória, ação rescisória e vista dos autos. Além disso, ela revogou o art. 194 do Código Civil (Lei n. 10.406, de 10 de janeiro de 2002) e alterou o § 5º do art. 219 do Código de Processo Civil (Lei n. 5.869, de 11 de janeiro de 1973), introduzindo o seguinte texto: "O juiz pronunciará, de ofício, a prescrição".

Art. 194. O juiz não pode suprir, de ofício, a alegação de prescrição, salvo se favorecer a absolutamente incapaz.

Art. 219 — § 5º — O juiz pronunciará, de ofício, a prescrição.

Esta nova e singela redação, fruto de retificação feita pelo legislador a fim de agilizar os julgamentos de mérito, apesar de sua simplicidade em palavras, irá modificar intensa e complexamente tudo o que foi ensinado sobre prescrição até o presente momento.

A prescrição e a decadência são institutos parecidos em sua essência, pois se referem a um lapso temporal em que se pode perder a certeza do acolhimento de uma pretensão e se adquirir um direito, como em uma ação de usucapião, por exemplo, ao se tratar de prescrição aquisitiva em decorrência da posse e do tempo somados. Ou então, pode-se perder o próprio direito subjetivo, como ocorre com a manifestação da decadência.

As raízes da prescrição encontram-se no Direito Romano pós-clássico de Justiniano quando, na legislação imperial, passou a constar o instituto que dava a necessária estabilidade e certeza para a realização dos atos negociais de Roma. Já a decadência nunca foi estudada pelos romanos e surgiu somente no Século XIX, quando o direito moderno a conceituou pela primeira vez.

Desde então, doutrinadores dos mais diversos lugares do mundo vêm trabalhando para fazer valer em seus países suas ideias sobre a prescrição e a decadência, alguns na tentativa de diferenciar os institutos, outros de unificá-los, como se sua matéria e objeto fossem os mesmos.

O Código Civil de 2002, quando surgiu, aderiu à teoria romana, pela qual se extingue com o transcurso do tempo somado à não atividade jurisdicional por parte de quem tem esse direito subjetivo não o direito, mas a ação adequadamente satisfatória à pretensão.

Para os juristas que buscam a diferenciação entre prescrição e decadência o elaborado pelos romanos e, posteriormente, implementado pelo legislador brasileiro no Código Civil de 2002, certamente, se faz mais lógico e, além disso, mais facilmente sustenta as diversas diferenças atribuídas aos dois institutos.

Para os adeptos à unificação dos referidos fenômenos, é bem mais cômoda a posição ora adotada pelo legislador italiano, em que a prescrição faz perder o direito subjetivo e não somente o direito à respectiva ação capaz de garantir a pretensão do ofendido.

A prescrição é hoje conhecida como uma exceção processual, ou seja, um instrumento de defesa que, por obviedade, só pode ser utilizado para neutralizar um ataque! É também conhecida hoje, essa arma de defesa, como algo que irá operar de acordo com o livre e desvinculado critério de quem está em defesa própria o que, também por obviedade, a caracteriza como uma exceção!

A Lei n. 11.280/06 transformou a exceção em regra ao determinar que o juiz decrete de ofício a prescrição, sem fazer ressalvas a quaisquer tipos de direito. Os milhares de anos de pesquisa para diferenciar a prescrição da decadência foram ignorados pelo legislador brasileiro que, em uma impensada busca por celeridade, praticamente, igualou os institutos, pelo menos quanto a seus efeitos.

Ou isso aconteceu, ou de maneira impressionante o mesmo legislador teria encontrado, repentinamente, sem nenhuma discussão com a comunidade jurídica, a resposta que por este longo período histórico vem sendo discutida e buscada, ao não mais considerar relevante que a prescrição seja uma exceção, como sempre foi, para tornar-se necessária a sua arguição de ofício, como acontece com a decadência.

O atual Código Civil, que revogou o Diploma Legal de 1916, no seu art. 189 buscou uma afirmação para o entendimento da prescrição, dispondo nascer a pretensão quando o direito for desrespeitado. Após, diz o mesmo artigo que só se extingue a pretensão, originada a partir da ofensa ao direito, não sendo essa exercida ou devidamente pleiteada dentro dos limites estabelecidos nos prazos legais, ou melhor, pelos efeitos decorridos da manifestação da prescrição consumada e arguida.

Art. 189. Violado o direito, nasce para o titular a pretensão, a qual se extingue, pela prescrição, nos prazos a que aludem os arts. 205 e 206.

É mister ressaltar-se que existe a possibilidade de os efeitos da arguível prescrição virem a se exteriorizar. Ou seja, o que pode vir a obstar o acolhimento em Juízo de uma pretensão, com garantia de tutela estatal, é aquela possível arguição recém--referida e não somente a própria existência da consumação prescricional. A prescrição em si, sem a prévia e constante vontade de quem pode utilizá-la em benefício próprio, não é nada mais que um simples "ser inanimado", como se fosse uma lâmpada, esperando por alguém que a faça iluminar e, assim, gere seus posteriores efeitos a partir da abrangência alcançada por sua luz. A lâmpada tem total capacidade de emitir luz e causar impacto certo e preciso em meio à escuridão, mas sem um anterior ato voluntário, de quem se encontra ao alcance do interruptor, é lógico que a lâmpada não pode acender-se sozinha!

Estando exaurido o prazo legal e consumada a prescrição pelo não agir do interessado, a incidência da "luz", ou efeito possivelmente lançado no processo pelo já manifesto instituto, só depende de um acionamento positivo, consciente e disponível por quem tem este direito. Quem legitimamente pode "ligar este interruptor", que aciona a "lâmpada", ou melhor, arguir a prescrição para fazê-la agir faticamente, tem, e deve continuar tendo, uma opção personalíssima, que não pode ser decidida de antemão por ninguém, tampouco pelo Juiz, sendo ele equidistante em relação às partes. Resumindo o que acaba de ser dito metaforicamente: "a simples existência física de uma lâmpada não pode fazer luz sem uma concomitante e compatível energia".

A revogação do art. 194 do Código Civil e do 219, § 5º, do Código de Processo Civil não só pôs fim à opção natural de utilizar voluntariamente uma exceção, mas também pode ter inutilizado outros artigos anteriores à mudança feita pela Lei n. 11.280/06. Para nos fazer entender melhor, questionaremos o seguinte: além dos artigos supracitados, a contar das modificações trazidas com a Lei n. 11.280/06, também teriam sido revogados os arts. 191 e 882 do Código Civil de 2002?

> **Art. 191.** A renúncia da prescrição pode ser expressa ou tácita, e só valerá, sendo feita, sem prejuízo de terceiro, depois que a prescrição se consumar; tácita é a renúncia quando se presume de fatos do interessado, incompatíveis com a prescrição.
>
> **Art. 882.** Não se pode repetir o que se pagou para solver dívida prescrita, ou cumprir obrigação judicialmente inexigível.

A incoerência legislativa fica clara ao olharmos para os artigos recém-transcritos nos quais, respectivamente, se possibilita a renúncia da prescrição consumada e não se admite a repetição ou devolução de pagamentos fundados em obrigações já atingidas pela prescrição.

A razão de estes arts. (191 e 882 do Código Civil) terem sido elaborados outrora foi reconhecer a frágil existência do direito do credor de uma obrigação, mesmo que sobre a pretensão, surgida com o inadimplemento daquela, venha a incidir a prescrição, ainda não arguida pela outra parte (devedor da obrigação). As redações dos referidos artigos somente reforçam o entendimento de que mesmo consumada a prescrição ainda não se pode falar, imediatamente, em extinção do direito material. Para obstar este direito em uma demanda judicial é, portanto, necessário o pronunciamento excepcional daqueles a quem os efeitos da prescrição consumada da pretensão, não exercida em tempo hábil, irão favorecer e não a simples manifestação da prescrição propriamente dita.

O direito do credor é reconhecido pelos artigos em debate, apesar do seu nítido enfraquecimento em função da faculdade disponibilizada ao devedor de impedir a concretização da pretensão daquele. Esta faculdade, nascida para o devedor, devido ao tempo em que o credor esteve inerte, pode manter-se como uma simples opção negligenciada pelo devedor que, então, paga a dívida e, conscientemente, despreza o benefício concedido por lei para aliviar-se moralmente com a outra parte. Este seria um exemplo perfeito de renúncia tácita da prescrição, permitida e prevista pelo art. 191, por presumir-se, ao se analisar a atitude do devedor de pagar a dívida, não haver o interesse de obstar a pretensão daquele que é credor.

É também permitido, pelo mesmo artigo, renunciar-se expressamente aos benefícios trazidos pela não concretização da pretensão. Mais uma vez se confirma existir uma verdadeira faculdade de arguir ou não a prescrição, pois parece lógico só se poder renunciar a algo que se possua. Ademais, o direito do credor tem de existir, mesmo que debilitado, para a opção de renúncia à prescrição possuir fundamento e também poder existir nos moldes do art. 191 do Código Civil.

O art. 882 do Código Civil, por sua vez, ratifica a existência do direito do credor ao não permitir a devolução do pagamento já realizado. A Lei n. 11.280/06, ao excluir a faculdade do devedor de arguir a prescrição, pôs fim à finalidade que um dia já teve este artigo.

Acabado o prazo prescricional previsto para a inatividade do credor estará extinta não só a pretensão, mas também o próprio direito, como já fazia a decadência. Não haverá mais a que renunciar o devedor pelo simples fato de não mais haver o antes reconhecido direito do credor. E, por esta mesma razão, não mais conseguimos encontrar fundamento para a não repetição de pagamento atingido pela prescrição, visto ter-se realizado uma obrigação não somente fragilizada pelo tempo, mas agora inexistente.

De qualquer forma, agora que o magistrado conhece de ofício a prescrição, a matéria, naturalmente, passou a ser de ordem pública porque igualmente à decadência será conhecida de ofício.

Segundo o Juiz do Trabalho *Leonardo Rodrigues Itacaramby Bessa:*

A decadência, por atingir o próprio direito é passível de arguição de ofício pelo magistrado, pois este, ao se deparar com demanda em que se pretenda buscar direito atingido por tal instituto, e, por isso, já inexistente, deve se manifestar, independentemente de provocação. Nesses casos o interesse defendido ultrapassa o da outra parte, visto que pertencente à própria sociedade, que corre o risco de perder a segurança jurídica e a paz social.

Continua *Leonardo Rodrigues Itacaramby Bessa:*

Já a prescrição — por atingir somente a pretensão do detentor do direito, ou seja, continua a tê-lo, somente não poderia buscar a tutela jurisdicional do Estado para dirimir aquela questão, e, por isso, matéria de defesa da outra parte interessada — está (ou pelo menos estava) submetida à necessidade de provocação. (<http://jus2.uol.com.br/doutrina/texto.asp?id=8197> Acesso em: 3 de julho de 2006)

Outra afirmação possível, a partir da nova lei, é que a prescrição deixará de ser instituto de direito material, passando a ser processual. Do contrário, não mais se poderia considerar o Juiz como elemento imparcial na relação processual, visto que a prescrição em condição de direito material e, portanto, não processual, tem de ser invocada pela parte que tem interesse na sua arguição.

A equidistância, que fundamenta e caracteriza a existência do magistrado em relação aos litigantes, foi quebrada com o advento da Lei n. 11.280. Fica claro o favorecimento ao empregador, pois agora demandado em Juízo pode deixar de atender ao chamado do Estado, tornando-se revel, e mesmo assim não ser responsabilizado por uma dívida sua se o prazo prescricional já tiver passado e o Juiz declarar este fato de ofício.

Mais, a aplicação da Lei n. 11.280 ao Direito do Trabalho contraria a base da Justiça do Trabalho consubstanciada no Princípio da Proteção ao trabalhador considerado hipossuficiente, ou parte mais fraca, em face do empregador na relação jurídica com este.

Art. 8º da CLT

Parágrafo único. O direito comum será fonte subsidiária do direito do trabalho, naquilo em que não for incompatível com os princípios fundamentais deste.

Art. 769. Nos casos omissos, o direito processual comum será fonte subsidiária do direito processual do trabalho, exceto naquilo em que for incompatível com as normas deste Título.

Questiona-se, neste trabalho, a hipótese de haver o trabalhador adquirido o direito a prazos prescricionais mais benéficos, de acordo com o Princípio da Proteção ao Trabalhador. Baseando-nos neste mesmo princípio fazemos a seguinte indagação: os arts. 8º e 769 da Consolidação das Leis do Trabalho têm a função de quê, se não a de condicionar as modificações do Direito do Trabalho à aplicação de seus princípios?

Os artigos supracitados reforçam a ideia de que a nova Lei n. 11.280, que modificou tudo o que conhecemos por prescrição, não pode ser aplicada ao Direito do Trabalho por contrariar seus princípios fundamentais, mesmo em se tratando de uma das omissões previstas pelos arts. 8º e 769. Além disso, não pode esta lei, da mesma forma que não pode a Emenda n. 45, prejudicar o trabalhador em seus direitos, a nosso entender adquiridos e fundamentados nos princípios trabalhistas e constitucionais.

O relator do projeto de Lei, Senador *Aloísio Mercadante*, disse que:

> Esta medida acabará com as restrições impostas ao conhecimento da prescrição de ofício, pelo magistrado, contribuindo para a redução da morosidade processual, uma vez que impedirá a prática de atos desnecessários naquelas demandas em que o direito material controvertido já foi fulminado pela prescrição. (<http://www.mercadante.com.br/projetos/projeto169.htm>)

Na área trabalhista, essa nova perspectiva trazida pela Lei n. 11.280 não pode ser vista como uma solução. Não são usuais os casos em que o demandado por um crédito trabalhista deixa de arguir a prescrição que consta no art. 7º, inciso XXIX da Constituição de 1988. O Judiciário Trabalhista é reconhecido por sua celeridade comparada a outras áreas do direito e o conhecimento da prescrição de ofício não irá representar o "desafogamento" de processos, desejado pela lei, pelo menos nesta área.

Aqui, voltamos a necessitar de uma definição da matéria transferida de competência para a Justiça do Trabalho, como cível, administrativa, tributária ou, após a Emenda n. 45, trabalhista, para poder dizer se a decretação de ofício da prescrição está ou não ofendendo princípios trabalhistas.

Se entendermos a matéria como trabalhista, a prescrição de ofício, além de contrariar os princípios do Direito do Trabalho, seria abarcada pelo art. 7º da Constituição Federal, que dispõe sobre os prazos prescricionais vinculados à Justiça do Trabalho. Ressalvado o ato jurídico perfeito — quando já em curso uma demanda cuja competência foi transferida para a Justiça do Trabalho — e o direito adquirido — quando já transcorrido mais da metade do prazo prescricional, na data da Emenda n. 45 — outras situações podem, ao serem regidas pelos prazos do art. 7º, já estarem prescritas no transcorrer da ação e, sendo decretada de ofício, a prescrição extinguiria o próprio direito subjetivo do trabalhador, o que é inadmissível.

Por outro lado, se enxergarmos a matéria como sempre a vimos somente encarando a mudança de competência como uma mudança de lugar, de sua origem no ajuizamento, para a Vara do Trabalho onde será a ação julgada, poderemos dizer que os prazos serão também os do art. 7º, por ser a norma constitucional aplicada na Justiça do Trabalho. Mas aí, a prescrição decretada de ofício, com o propósito de dar mais celeridade ao processo, sem referir-se aos direitos do trabalhador, mas aos fundamentos cíveis, tributários e administrativos, estaria somente contrariando o real conceito de prescrição, qual seja, a perda da pretensão tutelada, transformando-a, na prática, em decadência, embora sem violar nenhum princípio trabalhista.

9. O real sentido da Emenda Constitucional n. 45/04

Como últimas constatações deste trabalho, queremos pôr em pauta mais um questionamento, expondo, desde já, nossa posição a respeito:

Qual o motivo dessa súbita ampliação de competência da Justiça do Trabalho, que tanta polêmica tem causado e, certamente, ainda irá causar no direito brasileiro?

A EC n. 45, cuja PEC foi apresentada em 26.3.92, pelo, na época, Deputado Hélio Bicudo, promulgada em 8 de dezembro de 2004 e publicada no dia 31 de dezembro de 2004 consumiu quase 13 anos no Congresso Nacional. A referida Emenda modificou o Poder Judiciário, ampliando-se a competência da Justiça do Trabalho.

No seu magistério, *Augusto César Ramos* declara:

A justificativa para a ampliação da competência da Justiça do Trabalho não se traduz em um simples redimensionamento da jurisdição estatal mas, ao contrário, tem por mira oferecer ao jurisdicionado uma estrutura judiciária capaz de solucionar mais rapidamente a demanda levada a Juízo. E essa maior agilidade da Justiça do Trabalho decorre justamente de sua especialização, uma vez que tem um procedimento menos complexo que o estabelecido no Processo Civil e porque o magistrado trabalhista detém uma natural vocação para atuar nessa seara do direito que envolve o trabalho humano. Com efeito, a ampliação da competência da Justiça do Trabalho está em consonância com o princípio da tempestividade da tutela jurisdicional. (<http://jus2.uol.com.br/doutrina/texto.asp?id=7841> Acesso em: 25 de julho de 2006)

Prossegue ainda o autor:

Na proposta original cujo autor foi o Deputado Aloysio Nunes Ferreira, constava como medida mais extrema a extinção da Justiça do Trabalho por intermédio de sua incorporação pela Justiça Federal. Posteriormente, no relatório da Deputada Zulaiê Cobra afastou-se essa ameaça, mantida, não obstante, a competência da Justiça do Trabalho para julgar as "ações oriundas da relação de emprego", o que pode justificar o lapso na manutenção do inciso IX do atual art. 114 da CRFB, quando depois se ampliou a competência para abranger relações de trabalho. O fato é que a Justiça do Trabalho, cuja extinção outrora fora cogitada, com o advento da EC n. 45 ficou sobremaneira fortalecida com a ampliação de sua competência. (<http://jus2.uol.com.br/doutrina/texto.asp?id=7841> Acesso em: 25 de julho de 2006)

O trabalhador brasileiro, atualmente, tem como fonte garantidora de seus direitos: a Constituição Federal de 1988, leis ordinárias, leis complementares, Tratados e Convenções da OIT, o que for regulamentado na negociação coletiva e o poder normativo da Justiça do Trabalho.

Desde a Reforma Sindical, líderes de partidos, interessados na flexibilização da CLT, por serem apoiados pelo setor patronal, têm feito pressão no Congresso Nacional para a Justiça do Trabalho perder seu poder normativo, afirmando que a livre negociação deve prevalecer. Existem, inclusive, doutrinadores defendendo ter a Emenda n. 45 já extinto o poder normativo da Justiça do Trabalho, por não mais ser mencionado expressamente no § 2º do art. 114 da Constituição Federal.

Assim, como no Direito Civil, determinadas pessoas querem instituir, em lugar do poder normativo, a arbitragem privada. Destarte, não mais seria o empregado considerado hipossuficiente na relação de trabalho. Isso permitiria, por não ser visto como parte mais fraca na relação social, econômica e política, que o trabalhador abrisse mão de direitos seus, hoje indisponíveis, sem isso caracterizar uma coação presumida.

Se essa "vontade" das partes prevalecesse no Direito do Trabalho, na verdade, se estaria, sutilmente, pondo fim à norma de ordem pública e de caráter irrenunciável destinada à proteção do trabalhador ou, em outras palavras, seria o fim do próprio Direito do Trabalho.

Foi nesse momento conturbado que a Emenda Constitucional n. 45 ampliou, e muito, a competência da Justiça do Trabalho. Em verdade, a mudança de competência não só visou à celeridade ou à maior busca de justiça, como se apregoa, mas originalmente visou tentar "salvar" a Justiça do Trabalho, que já era um "alvo" desde a Reforma Sindical, como frisado anteriormente.

Esta explicação faz bastante sentido quando se escutam os argumentos de quem diz que "competência" para julgamento não define a "matéria" sob julgamento, fazendo com que se admita a possibilidade, agora não mais tão absurda, de as questões cíveis, tributárias e administrativas, transferidas de competência pela Emenda n. 45, continuarem cíveis, tributárias e administrativas por natureza. Ou seja, estaria o Direito do Trabalho se fortalecendo ao incorporar em sua competência tais matérias, que não passariam a ser, graças à emenda, materialmente trabalhistas.

A competência que foi ampliada pode até trazer à natureza do Direito do Trabalho fatos jurídicos antes vistos como cíveis, administrativos e tributários, mas tais matérias podem sim, em função da verdadeira intenção da Emenda n. 45 — preservar o Direito do Trabalho, ou melhor, a Justiça do Trabalho — continuar inalteradas materialmente, isto é, não serem consideradas trabalhistas, mantendo suas próprias e prévias naturezas. A Emenda n. 45 somente modifica a competência para julgamento de determinadas questões e, possivelmente, os prazos das matérias que não forem trabalhistas.

Inúmeras são as dúvidas e problemas advindos do implemento da então "salvadora" Emenda n. 45, porém, acreditamos valer a pena toda essa discussão. O que realmente importa é que, na busca de solução para os conflitos surgidos, não sejam excluídos ainda mais da sociedade aqueles já tão excluídos de direitos sociais, buscando eternamente trabalhar e sobreviver com dignidade.

10. Considerações finais: a evolução humana, a utilização do direito e a busca pelo verdadeiro instinto

Com o transcorrer dos séculos, o ser humano vivenciou diversas fases desde o seu aparecimento no planeta como raça, passando pela Pré-história, Idade Antiga, Média, Moderna e Contemporânea. Em cada época de mudanças, evoluímos gradativamente, até o estágio atual da humanidade que muitos consideram ser o mais avançado. Não nos incluímos entre estas respeitáveis pessoas por algumas razões que tentaremos explanar a seguir.

Sem entrar no mérito religioso ou científico de como ou quando o homem começou a sua jornada na Terra, acreditamos todos concordarem que desde o nosso surgimento — tenha sido quando Deus nos "construiu" ou, como pensam os céticos, quando deixamos de ser macacos para nos tornarmos humanos — a capacidade de compreensão das coisas que acontecem ao nosso redor nunca foi tão grande como atualmente. No desenvolvimento dos diversos estágios da humanidade, cometemos inúmeros erros e acertos, alguns comprovados historicamente e outros não. Porém, todos, tanto erros como acertos, sempre ocorreram em busca de algum propósito que, no momento em que foi alcançado, considerou-se como essencial àquela sociedade.

Importa, então, questionar: o que já foi almejado pelo homem durante a sua curta estada na Terra?

Inicialmente, vivíamos, provavelmente, como animais, sempre à procura de alimento e lutando apenas pela sobrevivência. Depois, descobrimos o fogo, elaboramos ferramentas e construímos abrigos, na tentativa de nos adaptarmos ao ambiente, muitas vezes desfavorável ao desenvolvimento de nossa frágil espécie humana. Este momento de criação e juízo crítico, além de significativo para a evolução de nossa raça, foi também o início de uma ideia que permanece viva até os dias de hoje, traduzindo o mesmo desejo essencial de outrora em relação ao alimento, ao fogo e à adaptação. A insatisfação gerada na raça humana pela ambição de adquirir poder, exteriorizado em propriedade, é a verdadeira razão de muitos dos posteriores equívocos cometidos pelo homem.

A necessidade do "ter" além do necessário para a sobrevivência, até então desconhecida por nossos antecessores primitivos, foi evoluindo, se fortalecendo e se impregnando no comportamento e nas vidas das pessoas, que também evoluíram. O mundo já não era mais o mesmo e, se foi Deus quem nos criou, diríamos ter sido o Diabo quem sussurrou no ouvido do homem ingênuo a ideia ambiciosa de se apoderar de bens materiais pelo uso da força. E, nessa fatídica hora, fomos expulsos do Paraíso.

De qualquer forma, se a ideia não foi sussurrada pelo Diabo, mas sim por um ancestral advindo da evolução dos macacos, ainda assim não podemos simplesmente culpá-lo pelas atrocidades cometidas ao longo de nossa história, pois quem as praticou eram pessoas mais evoluídas e sensatas que aquele infeliz inventor, um simples ex-macaco.

Ao refletirmos sobre o homem, ironicamente, mas buscando sensatez e sem prévios julgamentos veremos que, atualmente, podemos fundamentar nossas ações tanto pela fé, baseada na compaixão, nas ações benevolentes e na iluminação do espírito, quanto pela razão, associada ao certo, previsível e justo, para realmente aprendermos com os erros dos nossos antepassados, sejam eles seres evoluídos ou não.

As primeiras criações humanas não mais possuem a responsabilidade por nossas ações infundadas. Em que pese algumas vezes nosso comportamento continuar sendo o do homem primitivo, falta agora a justificação ou desculpa esfarrapada de sermos seres primitivos, pois temos toda a capacidade mental, física e tecnológica para aprender e mudar.

Deveríamos aprender com os erros que vergonhosamente cometemos e estupidamente continuamos perpetrando, muitas vezes por pura arrogância e, assim, modificar os paradigmas de injustiça hoje prevalentes. Enquanto nossos "macacos líderes" não quiserem ou não conseguirem conscientizar-se da necessidade de mudanças caberá, principalmente, aos estudiosos do Direito a função de organizar e regular a sociedade, tentando reverter alguns valores materiais e morais, que não se adaptam nem à razão nem à fé.

Passadas as guerras mundiais, as bombas nucleares e os históricos massacres em nome das mais variadas hipocrisias e vontades dissimuladas, o ser humano precisa, urgentemente, redescobrir-se. Em meio a essa "evolução" rápida e, por vezes, irresponsável, acabamos nos esquecendo que não só temos, como precisamos ter instinto.

Para coexistirmos em uma sociedade pacífica, organizada e, dentro do possível, harmoniosa é preciso que o Direito a proteja, mas, para isto ser possível, torna-se imprescindível, para cada um de nós, revermos conceitos viciados em valores equivocados e fúteis, quando comparados com o nosso instinto humano ético. Esse instinto, porém, parece estar sendo esquecido pelo *homo sapiens*, como se possuí-lo fosse algo errado, animalesco ou primitivo.

Que animal, conscientemente, destrói seu próprio *habitat*, poluindo as suas fontes de sobrevivência como a água, o oxigênio e a camada de ozônio, mesmo antevendo, pela atual tecnologia, o futuro prejuízo que, fatalmente, causará a si mesmo? E isso, sem falar na condenação à morte, que o "ser racional" impõe aos outros inúmeros e indefesos seres vivos, inexplicavelmente chamados de irracionais.

O Direito é, ou pelo menos deveria ser, a manifestação deste instinto de preservação da ética, da moral e da paz social. Não podemos aceitar pacificamente a utilização do Direito para manter enraizados valores que não condizem com o seu real e primeiro propósito de existir, visando ao bem-estar da sociedade.

Para explicar o sentido real e primário de alguma coisa devemos voltar no tempo e vivenciar o momento de origem daquilo que se está buscando entender. Pela evolução desse conceito e seus efeitos na sociedade, compreenderemos o que deu certo e o que foi equivocado, mudando posicionamentos e aplicando a experiência adquirida numa nova concepção mais justa. Como a tão sonhada viagem no tempo ainda não se fez descoberta por nossos curiosos cientistas, para nos aproximarmos da verdade teremos, muitas vezes, de filosofar, criticamente, moldando nosso caráter e ideologias que, querendo ou não, se formarão "instintivamente".

Dito isso, supondo que pudéssemos ver, como em um filme, tudo o que aconteceu e se repetiu durante toda a história até os dias de hoje, perceberíamos o círculo vicioso do qual a humanidade optou fazer parte, a partir de um determinado momento da nossa existência, constatando, em épocas e valores distintos, a mesma constante e sucessiva sistemática humana de: medo, adaptação, medo, adaptação...

Identificaremos este sistema de adaptação, aceitando a ideia de, há muito tempo, o homem ter criado os seus primeiros e únicos valores reais. Estes valores, certamente, eram e tinham de ser extremamente protegidos dos perigos de se viver e conviver no planeta Terra. Foi proteção que se buscou, mas acabou-se descobrindo ser ela uma "armadura de pano", que aprisionaria condutas, livrando-se de valores a ela inconvenientes e inventando outros agora convenientes à existência e à utilização da "armadura protetora" (Estado).

Depois da constatação de não se poder deixar os valores humanos à mercê do tempo e da vontade das pessoas, por medo, a humanidade elaborou uma espécie de Poder Externo capaz de organizá-la, visando à preservação de seus bens mais preciosos e seus valores instintivos. A esse tipo de Estado o homem se adaptou, imaginando todas as suas possibilidades, atuando sob a proteção de algo seguro e mais forte que ele, homem sozinho. Todos, querendo, poderiam "lutar" por seus direitos se fosse razoável e necessário para alcançar respeito aos valores estabelecidos e gerenciados pelo Estado.

Para cumprir a promessa de proteção aos valores, feita pelo Estado, este organizava, supervisionava, fiscalizava e autorizava estas "lutas" para defender e assegurar os valores. Quem tem uma pretensão fundada em um valor protegido pelo Estado e pelo Direito, tem também o direito subjetivo de ação, ou seja, pedindo autorização, poderá "lutar" para fazer valer o seu direito material e objetivo, com a supervisão estatal. Então, quem é credor de alguém, para satisfazer-se por meio da "luta", regida pelo Estado com a utilização do Direito, precisará da "arma da justiça" que protege os valores, intimidando quem não obedecer a eles.

Assim, o Estado, detentor das "armas", verificando a admissibilidade da solicitação para "combater" de um credor, concede a este a "espada da justiça". Esta poderosa "arma", quando empunhada por alguém de princípios protegidos pelos valores assegurados, poderá obrigar outrem ao que foi firmado anteriormente, ou punir aqueles que expuseram tais valores a perigo.

O credor, de posse da "espada" fornecida pelo Estado, só tem uma possibilidade de sair derrotado do combate que pretende travar contra o seu devedor. Se condições específicas ocorrerem, ao devedor é facultado pelo Estado o uso de uma "outra arma" tão poderosa quanto a "espada". Esta nova "arma", pesada e indestrutível, vem servindo ao Direito, mas não à justiça, podendo até obstá-la licitamente. Por isso, quando entra em contato físico com a "espada", a parte em dois pedaços. A base da "espada" continua na mão do credor que, por justiça, merece ver a sua pretensão tutelada. E em razão disso, ele pode, por meio dessa ação ou "luta" à qual tem direito subjetivo, tentar ainda travar combate com o seu oponente, o devedor de algo. Mas agora sua "espada" por estar quebrada e ineficaz, não mais se capacita a assegurar valores e intimidar outras pessoas. Nem é preciso dizer o que acontece com quem tenta lutar com uma meia espada ou uma espada sem a sua lâmina. Obviamente, quem, bravamente, entrar em combate nessas condições não logrará êxito, suportando, assim, os encargos de uma derrota certa e impiedosa.

Mas o que faz com que o Direito, na criação de um instituto, ou "arma", como nesta metáfora, conceda-lhe tanto poder, a ponto de sacrificar a obtenção de justiça, para muitos a única ou a mais importante razão de ser do Direito? E mais, o que torna este "escudo" impenetrável, tendo força para, inclusive, quebrar a mais forte das "espadas", a da justiça, utilizada com a permissão estatal?

Não concordamos, *data venia*, com a ideia de ser a justiça a única razão visada pelo Direito. Em que pese a possibilidade de parecer uma visão errada, equivocada ou pessimista das coisas, ela é, na verdade, a essência positiva da nossa evolução qualitativa e, portanto, otimista, pois justiça sem segurança jurídica, não é justiça.

Para existir uma justiça eficaz, forte e segura que só usa, ou melhor, permite usar a sua "espada" somente àqueles com direito, é necessário haver outra "arma" além da "espada". É o "escudo", que protege a justiça em um possível ataque daqueles que não concordam com os valores em vigor. Também é função dessa outra "arma", criada pelo Direito e gerenciada pelo Estado, que se torna mais fácil a obtenção de uma justiça que pressupõe uma ordem para poder ser cumprida e respeitada por todos.

A resposta para ambas as perguntas enunciadas, visa primeiramente aos interesses de quem opera, rege e cria o Direito, isto é, o Estado. Para poder existir, o Estado controla e dispõe das mais diversas liberdades que, tácita ou expressamente, foram renunciadas pelo ser humano. É, portanto, o conjunto destas liberdades entregues ao poder do Estado que mantém, ou tenta manter por um determinado tempo ou período, uma ordem social. Esta ordem só existe em função deste "contrato social" que limita a manifestação de determinados comportamentos para tentar assegurar outros tantos.

Além de manter a ordem social, a renúncia às liberdades, feita pelo homem, permite ao Estado aplicar sanções, prevenindo e remediando as situações em que o estabelecido no "acordo" não é cumprido.

Porém, tal vontade ou interesse maior do Estado, motivo da criação do referido "escudo" e de seu poder impressionante, se um dia já foi, certamente, não é mais a pura e simples busca pela proteção da sociedade.

Duvidamos, ao analisar os fatos históricos, se desde a época em que os "primitivos homens bons" de *Rousseau* ou os "homens lobos maus" de *Hobbes*, acordaram este "pacto social" e necessitaram, para tanto, de um Estado que constituísse o Direito a ser cumprido e respeitado, alguma vez este "monstro Leviatã", como diria *Thomas Hobbes*, preocupou-se essencialmente com o bem-estar da sociedade.

Ocorre que a intenção primeira do Estado é permanecer no poder pelo maior tempo possível. É preciso muito poder para manter a subsistência estatal sobrepondo-se ao infinito e desgastante passar do tempo. Então, para manter-se firme, forte e, na medida do alcançável, eterno, o Estado toma providências para que a sociedade permaneça em ordem e sob o seu comando, visando atingir seu principal fim: a segurança jurídica, que mantém a ordem e garante a aplicação da justiça, como quer a sociedade.

Para dar lugar à justiça, prometida pelo Estado na fase de formação do "contrato social", concedeu o Direito poderes à "espada da justiça", que coercituamente pode impor e obrigar, respeitando o ordenamento jurídico vigente. Por ser meta do Direito organizar a sociedade, para a eficaz atividade estatal, torna-se substancial, para a manutenção da ordem, a segurança jurídica, que funciona como uma espécie de "blindagem" para o já falado "escudo".

Parece ser agora bem nítido o porquê de objetivos da sociedade e do Estado, por vezes, passarem a ideia de serem completamente diferentes. Simplesmente por, na realidade, serem diferentes.

O homem que representou a sociedade neste "acordo", dando início ao controle do primeiro tipo de Estado já inaugurado na Terra, objetivava, explicitamente em suas manifestações de insegurança e medo, alcançar melhorias modificadoras para todos. Sob o comando estatal, todos teriam iguais condições de viver dignamente, mantendo-se com relativa estabilidade e segurança. Ou seja, queria poder adaptar-se, para então evoluir. A outra parte deste "primeiro de todos os acordos jurídicos", o Estado, concordou com cada palavra do clamado urgentemente pela sociedade, por meio de seu representante. Como se estivesse em uma eleição para Presidente, como recentemente vivenciamos novamente, este "candidato ao poder", que seria gerenciado pelo Estado, discursou, debateu, esbravejou e, com a assinatura ou ratificação do referido "pacto", saiu aplaudidíssimo por toda a esperançosa sociedade.

Mal sabia este ingênuo representante da sociedade, provavelmente, o "homem dos sonhos" de *Rousseau*, que o agora não mais mero candidato a ser Estado, mas o próprio Estado, tinha vontades e desejos outros que, por sua vez, correspondiam exatamente às expectativas do "homem que habitava os pensamentos" de *Hobbes*.

A sociedade que, de boa-fé, assinou o referido "contrato", também não fazia ideia de que estes impulsos estatais tentariam prevalecer quando em futuro conflito com os seus interesses.

É possível que as sociedades suportem, por algum tempo, a opressão estatal, porém somente até o momento em que, não aguentando mais as suas esperanças frustradas, essas se revoltem e deem início a um novo ciclo de adaptação pós-medo. Ressalte-se que também o Estado necessita de segurança jurídica para obter suas metas. Para alcançar a ordem, que alivia o medo do homem, este necessita da segurança jurídica para tentar adaptar-se à nova realidade. Da mesma forma faz o Estado, protegendo um sistema por ele controlado e mantendo a ordem social que mais o favoreça, prolongando-se no poder.

Ter o Estado objetivos diferentes da justiça e da sociedade não é de todo ruim, pois, acreditamos ser isto fundamental para transformar uma realidade em outra. *Marx* já falava serem forças contrárias, em constante atrito, os motores da humanidade. Tais motores nos impulsionam e nos fazem evoluir em quantidade e qualidade, segundo o citado autor. Porém, não podemos esquecer que, em meio a essa evolução desmedida, sacrificamos valores que serão, mais cedo ou mais tarde, cruciais até à continuidade da espécie humana na Terra. Será que somente com uma "máquina do tempo" seremos capazes de ver os erros do passado e de perceber que o futuro estará condenado se continuarmos com algumas atitudes do presente?

O Direito possui, além das "armas" para fazer justiça e manter a segurança e paz social, um instrumento capaz de visualizar o que deve ser feito e como as coisas estão acontecendo: a "balança". Ela pode pender para um lado ou para outro, dependendo da comprovação de fatos e do convencimento de ideias controvertidas. Quando o que mostra a "balança" convém ao Estado, este, sem hesitar, alardeia o que foi constatado. Cabe à sociedade, também sem hesitação, indignar-se quando a "balança" do Direito der razão às próprias reivindicações.

Já dizia *Rudolf Von Ihering* ser necessária a "luta" pelo Direito para construir o que lá naquele "contrato", firmado no início dos tempos de evolução, partiu da vontade social, inicialmente e por instinto.

Nessa primeira aspiração da humanidade, buscava-se viver dignamente dentro de uma organização homogênea e igual, embora composta por integrantes desiguais, mas sempre com a possibilidade de igualar-se, consagrando-se, assim, o que para a sociedade tem de ser, se não o único, certamente o mais importante e unificador de todos os princípios: o de Justiça Social.

As Consequências da Declaração de Inconstitucionalidade pelo STF do § 2º do art. 453 da CLT — Prêmio Orlando Teixeira da Costa 2007

Introdução

As razões motivadoras de um trabalho científico são, normalmente, preocupantes, estimulantes e conflituosas entre si, afinal, o objetivo de um estudo verdadeiro deve ser pautado na busca por ilações que, antes da pesquisa, não seriam possíveis sem uma ideia prévia e sua posterior fundamentação lógica.

As causas justificativas do tema escolhido e disposto são também diversas e, ora especialmente, instigantes, pois, foram direcionadas e entregues a todos os estudantes de Direito do país. Formulando ideias novas e as fundamentando, debateremos o assunto proposto com o afinco e a dedicação curiosa, naturais dos acadêmicos das Ciências Jurídicas. Outrossim, se pudéssemos definir um perfil do jurista que se dispôs a analisar as consequências da declaração de inconstitucionalidade pelo STF do § 2º do art. 453 da CLT, diríamos tratar-se de pessoas ansiosas por auferir conhecimento, mas, acima disso, preocupadas em aprender a transmiti--lo e modificá-lo.

A ideia inicial deste trabalho deve-se, portanto, à polêmica repercussão acerca dos efeitos da aposentadoria espontânea na relação de emprego, sendo firmada e afirmada *erga omnes* uma nova interpretação dada por nossa Suprema Corte.

Iniciaremos, desta forma, apresentando a confusa, conflituosa e vigente situação por que passamos, tratando de sedimentar uma base à argumentação seguinte.

Ainda buscando firmar o terreno para a discussão, demonstraremos como deverá ser encarada a nova postura constitucional da matéria do presente estudo, estabelecendo-se uma nova premissa à interpretação.

Tendo sido fixada tal premissa, abordaremos o "nascimento" de duas espécies para o gênero trabalhador. Utilizaremos expressões biológicas como nascimento e morte por diversas vezes neste estudo, mas sempre as enfocando juridicamente.

Discorreremos, separadamente, sobre o aposentado ativo e sobre o inativo, com o foco abstrato em suas supostas vontades e anseios ao requerer o benefício previdenciário e continuar, ou não, trabalhando.

Mantendo o foco nas vontades recém referidas, passaremos a perquirir os motivos da extinção do pacto laboral, isto é, quando o término decorre da vontade da lei, dos empregadores ou dos empregados, analisando as consequências de cada uma das vontades descritas.

Faremos críticas à maneira como nossos legisladores visualizaram a aposentadoria espontânea durante longo período. Espantosamente, atribuiu-se ao instituto a característica peculiar e única de, ao mesmo tempo, ser considerado benefício e malefício para o trabalhador.

Não poderíamos deixar de pincelar e fomentar a discussão acerca das medidas provisórias que, no Brasil, tornaram-se cada vez menos provisórias e mais definitivas.

Supondo a existência de três grupos de pessoas deparando-se ao tema proposto para esta monografia jurídica, fixaremos suas individualidades, tentando demonstrar como irão encarar a aposentadoria espontânea a partir de então.

Só aí sentir-nos-emos à vontade para relatar uma rápida exposição histórica da matéria previdenciária no Brasil para, a partir deste ponto, fazermos considerações interpretativas das regras de ontem, hoje e amanhã.

Novamente, falaremos de supostos nascimentos e falecimentos, tendo agora por base a Orientação Jurisprudencial n. 177 do TST. Iremos dispor os entendimentos que a fundamentavam e os posicionamentos posteriores ao seu cancelamento.

Abordaremos, de maneira singela, o Princípio da Supremacia da Constituição, aplicando-o à realidade brasileira para, em seguida, conjugarmos o *caput* do art. 453 da CLT aos princípios, regras e normas constitucionais.

Concluiremos o presente estudo científico supondo a existência do que denominamos ser um "Direito Antigo", anterior ao nosso "Direito Humano Elaborado", para relacionarmos as eficácias de cada um destes ordenamentos.

1. Inconstitucionalidade dos parágrafos do art. 453 da CLT: apresentação da situação

Há longo tempo vem sendo discutida nas Cortes Superiores do Trabalho a constitucionalidade das determinações do art. 453 e de seus parágrafos, todos contidos e dispostos pela Consolidação das Leis do Trabalho. A problemática surgiu de dúvidas comuns aos empregados públicos e aos da iniciativa privada, notadamente em relação à necessidade de prestação de novo concurso público — empregados públicos — sob pena de nulidade do vínculo laboral pós-aposentadoria; e quanto à pretensão do recebimento da multa de 40% (referente à conta vinculada do FGTS do trabalhador) ser ou não devida após o jubilo do empregado e a sua despedida arbitrária ou sem justa causa.

Em que pese os diários debates nos Tribunais, a jurisprudência acabou firmando-se num sentido majoritário e noutro minoritário. Este último, entendendo que a aposentadoria por tempo proporcional de serviço, apesar de prevista expressamente nos parágrafos do art. 453, não poderia extinguir o vínculo de emprego por ser esta uma causa legal extintiva não harmoniosa com os princípios do Direito do Trabalho e oposta à disposição da Lei n. 8.213/91 e à própria Constituição Federal de 1988.

O maior grupo de julgados, entretanto, chegou a consenso tal que proporcionou a cristalização da jurisprudência dominante no sentido de que a aposentadoria espontânea configurava hipótese independente de finalização do contrato de trabalho, isto é, de sua "morte" (Orientação Jurisprudencial n. 177 do TST).

O espírito das leis, como poderia declamar Montesquieu, deve ser constantemente observado, pois é esta a única maneira de faticamente incorporá-lo ao ordenamento jurídico e, assim, aplicá-lo.

Nossos julgadores, outrossim, passaram a enxergar na vontade, ou melhor, no espírito da lei, duas circunstâncias que seriam cruciais para trabalhadores da atividade pública — regidos pelas normas da CLT — e trabalhadores da atividade privada, sempre que se aposentassem voluntariamente, quais sejam:

1. Em relação aos empregados da atividade privada, a perda da indenização de 40% (do período anterior ao jubilo) sobre o valor depositado na conta vinculada do FGTS do trabalhador, devida conforme determinação do art. 7º, inciso I, da Constituição Federal combinado com o art. 10 do Ato das Disposições Constitucionais Transitórias;

2. E, em relação aos empregados públicos, também ocorreria a perda da própria condição de empregado, consoante o disposto no art. 37, inciso II, da Constituição Federal, afinal, ficaria a relação sujeita à aprovação em novo concurso público, caracterizando-se a nulidade dos contratos desconformes com tal preceito constitucional.

A Medida Provisória n. 1.596-14 de 1997, convertida na Lei n. 9.528/97, publicada aos 10 de dezembro daquele ano, incluiu ao art. 453 da CLT dois parágrafos que serviram de base, ou melhor, de real alicerce à jurisprudência trabalhista, posteriormente consolidada pela Orientação Jurisprudencial n. 177 do TST.

Deve-se ressaltar, dessarte, duas profundas e graves consequências advindas do entendimento recém-exposto:

1. Seria ainda devida ao trabalhador privado a multa de 40% do FGTS, protegendo-se, assim, a sua relação de emprego e obedecendo ao art. 7º, inciso I, da Constituição Federal combinado ao art. 10 do ADCT. Todavia, tal indenização seria referente apenas ao novo contrato de trabalho — surgido entre as partes a partir da efetivação da aposentadoria espontânea do trabalhador — que extinguia o primeiro contrato havido anteriormente à jubilação. Ou seja, o novo contrato de trabalho que, por ironia do destino já nascia velho e durava muito pouco, passara a ser tutelado. O antigo contrato de trabalho (anterior ao jubilo) ficaria prejudicado em se fazer respeitar, pois,

considerado "morto", possuía somente espírito de lei sem um corpo de lei para gerar efeitos jurídicos.

Em suma, os 40% de indenização devida a fins de tutela da relação de emprego, conforme o art. 7º, inciso I, da Constituição Federal e previsão do art. 10 do ADCT, ficariam restritos à segunda fase da vida laboral do empregado, que passaria a ser dividida entre dois contratos subsequentes, sendo o segundo prevalente em relação ao primeiro.

2. Para os trabalhadores públicos as consequências seriam ainda mais graves, pois, considerando-se a extinção do vínculo de emprego com o advento da aposentadoria espontânea, nada lhes seria devido nem a título de multa de 40% sobre o FGTS nem tão pouco a título de qualquer verba rescisória em razão da clara nulidade de seu segundo contrato pela ausência de concurso público para poder ocupar o cargo depois da aposentadoria espontânea. Em síntese, para tais empregados só haveria um contrato de trabalho legitimo, ou seja, sem qualquer nulidade, pois, o outro não se coadunaria com o disposto no art. 37, inciso II, da Constituição Federal. Entretanto, o contrato de trabalho — anterior ao jubilo — não prejudicado pela nulidade já não mais existia. Isso porque a aposentadoria espontânea do trabalhador constituía nova modalidade de extinção do vínculo de emprego, conforme a previsão do polêmico parágrafo segundo do art. 453 da CLT, aliás, objeto desta pesquisa.

Art. 453.

§ 1º Na aposentadoria espontânea de empregados das empresas públicas e sociedades de economia mista é permitida sua readmissão desde que atendidos aos requisitos constantes do art. 37, inciso XVI, da Constituição, e condicionada à prestação de concurso público. (Acrescentado pela Lei n. 9.528/97)

§ 2º O ato de concessão de benefício de aposentadoria a empregado que não tiver completado trinta e cinco anos de serviço, se homem, ou trinta, se mulher, *importa em extinção do vínculo empregatício.* (Acrescentado pela Lei n. 9.528/97) (grifos nossos)

A jurisprudência assim expressava:

CONTRATO NULO EFEITOS. "A contratação de servidor público, após a Constituição de 1988, sem prévia aprovação em concurso público, encontra óbice no seu art. 37, II, e § 2º, somente conferindo-lhe direito ao pagamento da contraprestação pactuada, em relação ao número de horas trabalhadas, respeitado o valor do salário-mínimo/hora e os valores referentes aos depósitos do FGTS, excluída a multa." Recurso de revista conhecido e parcialmente provido. (RR 93583/2003-900-04-00 DJ 1º.11.2006)

APOSENTADORA ESPONTÂNEA — EXTINÇÃO DO CONTRATO DE TRABALHO. "A aposentadoria espontânea implica, necessariamente, a extinção do contrato de trabalho. Nas readmissões após a aposentadoria espontânea, ocorrendo a dispensa sem justa causa, a multa de 40% deverá ser calculada com base nos depósitos do FGTS efetuados no período pós-aposentadoria e não sobre a totalidade do período trabalhado na empresa. Orientação Jurisprudencial n. 177. Embargos não conhecidos" (TST-E-RR-628.600/2000.3, DJU de 13.2.2004, SESBDI, Relator Ministro Carlos Alberto Reis de Paula).

A ideia do legislador de 1988 ao dispor as palavras do art. 7º, inciso I, da Lei Maior e disciplinar o direito do trabalhador, seja urbano ou rural, de ter a sua condição social melhorada em virtude da preservação de sua relação de emprego foi inteligente e clara. Não há como retirar de tal dispositivo qualquer interpretação que possa vir contra os interesses do trabalhador, afinal, tal preceito visa, expressamente, à melhoria da condição social do obreiro.

O propósito da norma foi explicitado pelo primeiro dos incisos do art. 7º da Carta Magna, porém, a sua regulamentação para concreta aplicação à realidade restou reservada à lei complementar que, segundo tal inciso, irá prever indenização compensatória e outros direitos trabalhistas capazes de sanar os males, fatalmente, causados à condição social do trabalhador despedido de forma arbitrária ou sem justa causa.

Não existe, outrossim, qualquer menção na Carta Magna para dar-se margem ao não pagamento da indenização de 40% sobre os depósitos do FGTS do trabalhador nos casos de despedida arbitrária ou sem justa causa. Vale ressaltar, desse modo, que a multa nem mesmo com o advento de aposentadoria espontânea do trabalhador perderia o foco de sua mira inicial, qual seja a de proteger a relação de emprego arruinada pela despedida arbitrária ou sem justa causa.

Se a multa não perde o seu foco e não há qualquer previsão para a sua não incidência excepcional, pergunta-se: **1.** Por que não se considerava devida a multa de 40% sobre todo o contrato de trabalho extinto por despedida arbitrária ou sem justa causa? **2.** Será que isto ocorria em virtude da aposentadoria espontânea? **3.** Então a aposentadoria espontânea não só punha fim ao contrato de trabalho, mas também limitava a proteção à relação de emprego? **4.** O entendimento seria no sentido de que a aposentadoria por tempo proporcional de serviço deveria equivaler ao pedido de demissão e, por isso, não seria devida a multa?

De fato, responder aos questionamentos *supra* não constitui tarefa fácil nem simples, pois teremos de admitir absurdos como a existência de um benefício que castiga, ou melhor, priva direitos fundamentais. Ademais, tratar-se-ia de um benefício mais repreensivo que a própria despedida arbitrária ou sem justa causa, situações estas, normalmente, por si só, extremamente prejudiciais ao trabalhador.

Por longo período, face ao exposto, predominou o entendimento contraditório de que o benefício previdenciário, automaticamente, significaria malefício ao trabalhador que pretendesse seguir trabalhando após o jubilo e viesse a ser despedido arbitrariamente ou sem justa causa. Mesmo não existindo qualquer disposição legal compatível com nossa Magna Carta a reconhecer o benefício previdenciário como motivo de extinção do contrato de trabalho sem qualquer indenização, este foi o entendimento consolidado pela OJ n. 177 do TST, com base no inconstitucional § 2º do art. 453 celetista.

A estranheza das consequências provindas de um benefício prejudicial aos contratos de trabalho chamou a atenção do Supremo Tribunal Federal, por meio das Ações Diretas de Inconstitucionalidade ns. 1770 e 1721, ambas interpostas pelo PT, PDT e PC do B, partidos políticos autorizados pela Constituição Federal a tanto, conforme a previsão do art. 103.

Assim dispõe a ementa da ADIn 1721:

AÇÃO DIRETA DE INCONSTITUCIONALIDADE. ART. 3º DA MP N. 1.596-14/97 (CONVERTIDA NA LEI N. 9.528/97), NA PARTE EM QUE INCLUIU § 2º NO ART. 453 DA CLT. ALEGADA OFENSA À CONSTITUIÇÃO. O direito à estabilidade no emprego cedeu lugar, com a Constituição de 1988 (art. 7º, I), a uma proteção contra despedida arbitrária ou sem justa causa, consistente em uma indenização compensatória, entre outros direitos, a serem estipulados em lei complementar. A eficácia do dispositivo não ficou condicionada à edição da referida lei, posto haver sido estabelecida, no art. 10 do ADCT, uma multa a ser aplicada de pronto até a promulgação do referido diploma normativo (art. 10 do ADCT), havendo-se de considerar arbitrária e sem justa causa, para tal efeito, toda despedida que não se fundar em falta grave ou em motivos técnicos ou de ordem econômico-financeira, a teor do disposto nos arts. 482 e 165 da CLT. O diploma normativo impugnado, todavia, ao dispor que a aposentadoria concedida a empregado que não tiver completado 35 anos de serviço (aposentadoria proporcional por tempo de serviço) importa extinção do vínculo empregatício — efeito que o instituto até então não produzia —, na verdade, outra coisa não fez senão criar modalidade de despedida arbitrária ou sem justa causa, sem indenização, o que não poderia ter feito sem ofensa ao dispositivo constitucional sob enfoque. Presença dos requisitos de relevância do fundamento do pedido e da conveniência de pronta suspensão da eficácia do dispositivo impugnado. Cautelar deferida (STF — ADIn 1721-3, Relator Ministro Ilmar Galvão, DJU de 11.4.2003).

A Corte do Supremo Tribunal Federal reconheceu a ofensa ao art. 7º, inciso I da Constituição, deferindo liminar com base na proteção à relação de emprego e no repúdio à nova modalidade de despedida trazida pelo § 2º do art. 453 da CLT, pelo qual não seria devida a multa de 40% do FGTS em relação ao contrato que a precedeu.

Assim expressa a ementa da ADI n. 1.770:

AÇÃO DIRETA DE INCONSTITUCIONALIDADE. § 1º DO ART. 453 DA CLT NA REDAÇÃO DADA PELO ART. 3º DA LEI N. 9.528, DE 10.12.97, E DO ART. 11, *CAPUT* E PARÁGRAFOS, DA REFERIDA LEI. PEDIDO DE LIMINAR. No tocante ao art. 11 da Lei n. 9.528/97, não é de conhecer-se a ação direta, porquanto, tratando de norma temporária cujos prazos nela fixados já se exauriram no curso deste processo, perdeu a referida ação o seu objeto. Quanto ao § 1º do art. 453 da CLT na redação dada pelo art. 3º da Lei n. 9.528/97, ocorre a relevância da fundamentação jurídica da arguição de inconstitucionalidade, bem como a conveniência da suspensão de sua eficácia pelas repercussões sociais decorrentes desse dispositivo legal. Pedido de liminar que se defere, para suspender, *ex nunc* e até decisão final, a eficácia do § 1º do art. 453 da CLT na redação que lhe deu o art. 3º da Lei n. 9.528, de 10 de dezembro de 1997 (STF — ADIn 1770 — 4, Relator Ministro Moreira Alves, DJU de 6.11.1998).

Os eminentes Ministros do STF concederam liminar para suspender também os efeitos do § 1º do art. 453 da CLT porque, da mesma forma que o § 2º, interpretava a aposentadoria espontânea como causa de extinção do vínculo empregatício, violando princípios constitucionais, previdenciários e trabalhistas.

A contar do deferimento das liminares citadas e do julgamento final das ADIs ns. 1.770 e 1.721, a OJ n. 177 do TST passaria a andar em sentido contrário ao manifesto entendimento do STF. Em razão dessa disparidade flagrante, a referida Orientação Jurisprudencial veio a ser cancelada após tais decisões da Corte Constitucional.

O Ministro Ilmar Galvão, relator da ADI n. 1.721, sustentou que de acordo com o entendimento adotado pela OJ n. 177 do TST se estaria atribuindo à incidência de aposentadoria espontânea os efeitos da despedida por justa causa, hipótese em que o trabalhador não faz jus à indenização do art. 10 do ADCT.

Colacionamos acórdão esclarecedor da 1ª Turma do TST:

PROCESSO 2501/2002-900-04-00

APOSENTADORIA ESPONTÂNEA. EXTINÇÃO DO CONTRATO DE EMPREGO. FGTS. MULTA DE 40%.

1. A aposentadoria não provoca a extinção do contrato de emprego se o empregado permanece prestando serviços ao empregador após a jubilação. Determinação do Supremo Tribunal Federal para que se rejulgue o recurso, sem a premissa de que a aposentadoria teria, automaticamente, extinguido o contrato de trabalho. Ulterior decisão vinculante do Pleno do STF no mesmo sentido. 2. Não há lei que declare a extinção do contrato de emprego em face da aposentadoria espontaneamente requerida pelo empregado se prossegue a prestação dos serviços ao mesmo empregador. Exatamente o oposto sugere o art. 49 da Lei n. 8.213/91. 3. O *caput* do art. 453 da CLT disciplina tão somente a apuração do tempo de serviço em caso de readmissão do empregado cujo contrato de trabalho efetivamente rompeu-se em face de anterior aposentadoria espontânea. Não dá suporte jurídico, assim, para embasar a conclusão de que a aposentadoria espontânea, se prossegue a prestação de serviços em favor do empregador, implica cessação do contrato de trabalho. 4. O empregado faz jus à multa de 40% do FGTS sobre os depósitos de todo o período do contrato de emprego uno, computado o tempo anterior e o posterior à jubilação espontânea seguida da continuidade do labor, contanto que, ao final, opere-se a rescisão do contrato de trabalho sem justa causa. 5. Recurso de Revista conhecido e provido. Vistos, relatados e discutidos estes autos de Recurso de Revista n. TST-RR-2501/2002-900-04-00.2, em que é Recorrente ÉLIO RODRIGUES DA SILVA e Recorrido CARLOS BECKER METALÚRGICA INDUSTRIAL LTDA. A Primeira Turma desta Corte no v. acórdão de fls. 101/103 proferido em agravo de instrumento, complementado pelo v. acórdão em embargos de declaração de fls. 116/117, manteve a r. decisão regional no sentido de que o Autor não faz jus à multa de 40% do FGTS sobre o período anterior ao jubilamento, tendo em vista que a aposentadoria espontânea extingue o contrato de trabalho, nos moldes da Orientação Jurisprudencial n. 177, da SBDI I do TST. Insatisfeito, o Reclamante interpôs recurso extraordinário (fls. 134/148), inadmitido pela Eg. Presidência do Tribunal Superior do Trabalho (fl. 153). Dessa decisão, o Reclamante interpôs agravo de instrumento (fls. 2/14, autos apensados) visando ao processamento do recurso extraordinário. O Excelso Supremo Tribunal Federal, em decisão monocrática de fl. 112 (autos apensados), deu provimento ao agravo de instrumento para conhecer do recurso extraordinário e, com supedâneo no

art. 544, § 3º e § 4º, do CPC, deu-lhe provimento para cassar o v. acórdão proferido pela Primeira Turma do Eg. TST, determinando que rejulgue o recurso, sem a premissa de que a aposentadoria teria, automaticamente, extinguido o contrato de trabalho. Nesse contexto, passo à análise do agravo de instrumento em recurso de revista interposto pelo Reclamante. Irresignado com a r. decisão interlocutória de fl. 74, mediante a qual a Presidência do Eg. Tribunal Regional do Trabalho da 4ª Região denegou seguimento ao recurso de revista, interpõe agravo de instrumento o Reclamante. Aduz o Agravante, em síntese, que o recurso de revista é admissível, por divergência jurisprudencial. É o relatório.

A) AGRAVO DE INSTRUMENTO

1. CONHECIMENTO

Satisfeitos os pressupostos legais de admissibilidade, conheço do agravo de instrumento.

2. MÉRITO DO AGRAVO DE INSTRUMENTO FGTS. MULTA DE 40%. APOSENTADORIA

O Eg. Tribunal *a quo* deu provimento ao recuso ordinário da Reclamada, ao entendimento de que aposentadoria extingue o contrato de trabalho, restringindo-se a multa de 40% do FGTS ao período iniciado após o jubilamento do Autor, mediante os seguintes fundamentos: (...) Extinto o contrato pela aposentadoria, é indevida a multa de 40% sobre o FGTS da primeira contratualidade, por inexistência de previsão legal. Havendo a reclamada procedido ao pagamento da multa sobre os depósitos do segundo contrato, não existem diferenças favoráveis ao autor (fl. 63). Inconformado, o Reclamante, nas razões do recurso de revista, insistiu em que a aposentadoria não acarreta a extinção do contrato de emprego, uma vez que não houve solução de continuidade da relação de emprego. Trouxe dois arestos para demonstrar divergência jurisprudencial. Os julgados de fls. 70/71 autorizam o conhecimento do recurso, porquanto apresentam tese no sentido de que a aposentadoria espontânea não extingue o contrato de trabalho, gerando direito à multa de 40% do FGTS sobre todo o período da relação de emprego. Em decorrência, dou provimento ao agravo de instrumento para determinar o processamento do recurso de revista. Com fulcro no art. 897, § 7º, da CLT (Lei n. 9.756/98), passo, desde logo, ao julgamento do recurso principal ora admitido, uma vez observadas as formalidades traçadas na Resolução Administrativa n. 736/00 do TST (DJU 11.10.2000, p. 279/280).

B) RECURSO DE REVISTA

1. CONHECIMENTO

Satisfeitos os pressupostos comuns de admissibilidade, examino os específicos do recurso de revista.

1.1 FGTS. MULTA DE 40%. APOSENTADORIA

Conheço do recurso de revista, por divergência jurisprudencial, reportando-me para tal aos fundamentos expendidos no julgamento do agravo de instrumento.

2. MÉRITO DO RECURSO

2.1 FGTS. MULTA DE 40%. APOSENTADORIA

O Eg. Regional reformou a r. sentença para delimitar a multa de 40% do FGTS ao segundo período do contrato de trabalho, que se deu após a jubilação. A questão que ora se põe refere-se à viabilidade, ou não, de extinção do contrato de trabalho pela aposentadoria espontânea e, em caso afirmativo, aos efeitos dessa extinção quando o empregado permanece prestando serviços ao empregador. Consoante dispõe a Consolidação das Leis do Trabalho, as formas de rescisão do contrato de trabalho por tempo indeterminado dividem-se entre a motivada pelo pedido do empregado e aquelas de iniciativa do empregador, quais sejam, a dispensa sem justa causa e a por justa causa (art. 477 e seguintes da CLT). Já o art. 453 da CLT, em sua redação original, dispôs sobre a unicidade contratual, ou seja, a contagem de tempo de serviço em caso de readmissão, possibilitando o cômputo de períodos descontínuos de trabalho ao mesmo empregador, salvo apenas os casos de despedida por falta grave e percepção de indenização prevista em lei. Por tal razão, durante muito tempo, o entendimento pacífico do Tribunal Superior do Trabalho nesse sentido propiciou a edição da Súmula n. 21, que ostentava a seguinte tese: o empregado aposentado tem direito ao cômputo do tempo anterior à aposentadoria, se permanecer a serviço da empresa ou a ele retornar. Sucede que referida Súmula foi cancelada em 17.5.1994, com o advento da Lei n. 6.204/75, que alterou o disposto no art. 453 da CLT a fim de incluir a aposentadoria espontânea no rol das exceções do dispositivo legal mencionado. Portanto, vê-se que, até então, não se tratou, em momento algum, de extinção de contrato de trabalho no referido dispositivo legal, que cuidou apenas da apuração de tempo de serviço em casos de readmissão. Em seguida, com a superveniência da Medida Provisória n. 1.596-14, publicada em 11.10.1997, convertida posteriormente na Lei n. 9.528, de 10.12.1997, acrescentaram-se ao art. 453 da CLT os §§ 1º e 2º, de seguinte teor: art. 3º Os arts. 144, 453, 464 e 465 da Consolidação das Leis do Trabalho (Decreto n. 5.452, de 1º de maio de 1943) passam a vigorar com a seguinte redação: (...) art. 453 (...) § 1º Na aposentadoria espontânea de empregados das empresas públicas e sociedades de economia mista é permitida sua readmissão desde que atendidos aos requisitos constantes do art. 37, inciso XVI, da Constituição, e condicionada à prestação de concurso público. § 2º O ato de concessão de benefício de aposentadoria a empregado que não tiver completado 35 anos de serviço, se homem, ou trinta, se mulher, importa em extinção do vínculo empregatício. Note-se que essa foi a gênese da nova modalidade de extinção do contrato laboral: a aposentadoria por tempo de serviço (§ 2º). Na oportunidade, vínculou-se igualmente a readmissão de empregado de ente da Administração Pública direta ou indireta à aprovação em concurso público (§ 1º). Posteriormente, por meio das Ações Diretas de Inconstitucionalidade ns. 1.721-3 e 1.770-4, questionou-se a constitucionalidade das referidas normas, submetendo-as à apreciação do E. STF. A seguir, a transcrição de parte do voto vencedor proferido na aludida ADIN (Medida Liminar) n. 1.770-4: Dela conheço, no entanto, no que diz respeito ao disposto no § 1º do art. 453 da Consolidação das Leis do Trabalho, com a redação que lhe foi dada pelo art. 3º da Lei n. 9.528, de 10 de dezembro de 1997, e que é esta: (...) Esse dispositivo [art. 453, § 1ª, da CLT] é paradoxal no tocante à constitucionalidade, porquanto qualquer que seja a posição que adote das duas que são radicalmente antagônicas entre si, não pode deixar de reconhecer que é relevante a fundamentação de uma e de outra no tocante à constitucionalidade dele. Com efeito, para os que entendem que, por identidade de razão, a vedação de acumulação de proventos e de vencimentos não se aplica apenas aos servidores públicos aposentados, mas também a empregados de empresas públicas e de sociedades de economia mista, exceto tanto para aqueles quanto para estes, se a acumulação de atividade for permitida constitucionalmente, o dispositivo em caso será constitucional porque admite, sem qualquer restrição, portanto, acumulando remuneração de aposentadoria e salário, quando aposentado dessas entidades seja readmitido, desde que por proveniente de concurso público. Já para os que consideram que essa vedação de acumulação de remuneração de aposentadoria com remuneração alcança os servidores públicos, não se aplicando aos empregados de empresas públicas e de sociedades de economia mista, sob fundamento de que há diferença entre o benefício previdenciário a favor do servidor público ou de sociedade de economia mista (art. 173, parágrafos da Carta Magna), a inconstitucionalidade do dispositivo legal causa decorrente de outro fundamento: o de que esse § 1º indiretamente pressupõe que a aposentadoria espontânea desses empregados extinga automaticamente o vínculo empregatício, o que violaria os preceitos constitucionais relativos à proteção do trabalho e à garantida percepção dos benefícios previdenciários, alegação essa que dá margem ao deferimento de liminar na ADIN n. 1.721, circunstância por si só fui um dos quatro votos vencidos, suficiente que seja ela tida como relevante. De outra parte, e à semelhança do que decidiu a maioria ADIN n. 1.721, é conveniente a suspensão de eficácia desse dispositivo pelas repercussões sociais dele decorrentes. Em face do exposto, conheço em parte da presente ação na parte dela conhecida [sic], defiro o pedido liminar para suspender *ex nunc* e até decisão final, a eficácia do § 1º do art. 453, Consolidação das Leis do Trabalho na redação que lhe deu o art. 3º da Lei n. 9.528, de 10 de dezembro de 1998. (decisão proferida no ADIMC n. 1.770-4, STF, Tribunal Pleno, rel. Min. Moreira Alves, julgamento 14.5.1998, DJ 6.11.1998, p. 2 sem destaque no original) Eis que agora o Plenário do Supremo Tribunal Federal vem de confirmar a inconstitucionalidade do § 1º do art. 453 da Consolidação das Leis do Trabalho (CLT), com redação dada pela Lei n. 9.528/97. Na sessão do dia 11 de outubro de 2006, os Ministros daquela E. Corte confirmaram, por maioria, a medida liminar deferida na Ação Direta de Inconstitucionalidade (ADI) n. 1.770. Na votação, o plenário, reafirmou precedente da Corte (ADI n. 1.721) no sentido de que a aposentadoria espontânea não rompe o vínculo empregatício. O § 1º do art. 453 da CLT foi considerado inconstitucional por violar os preceitos constitucionais relativos à proteção do trabalho e à garantia à percepção dos benefícios previdenciários. Esses julgamentos liminar e cautelar das ADINs conduzem à tese de que a aposentadoria espontânea como forma de extinção do contrato de trabalho não deve subsistir, por inconstitucional, principalmente porque atentatória à proteção constitucional contra a despedida arbitrária ou sem justa causa (art. 7º, inciso I) e também porque o direito à aposentadoria proporcional decorre da Lei n. 8.213/91, exercendo direito constitucional, entende que com seus novos proventos, referentes ao benefício que irá receber do INSS, não conseguirá, simplesmente, relaxar e gozar do benefício — como poderia sugerir a nossa ilustre Ministra do Turismo — por constatar que, usufruindo apenas dos proventos proporcionais do INSS, não será capaz de sequer manter a sua situação econômica estabilizada, quanto mais dar-se ao luxo de parar de trabalhar, relaxar e gozar. Tal trabalhador, também por livre e espontânea vontade, como no segundo caso, opta por aposentar-se, mas não abandona o seu emprego, certamente, não porque o ama demais e não suportaria a dor física e psicológica de nunca mais ver, todo santo dia, o rosto lindo e angelical de seu tão querido e amável supervisor. Ocorre que tal trabalhador necessita, e muito, da manutenção de seu emprego, ou melhor, que sua expressa previsão constitucional (art. 202, § 1º). Nesse sentido, a ofensa ao art. 7ª, I, da CF/88, na hipótese, estaria configurada pela consideração de que há extinção de contrato de trabalho regularmente em curso em razão de aposentadoria espontânea, sem que o empregado haja tido a intenção de rescindir seu contrato laboral. Tal consideração, portanto, ofenderia os princípios da proteção ao trabalho e da proteção contra demissão imotivada. Pede-se *venia* para transcrever o último trecho citado na v. decisão cautelar da ADIN n. 1.721-3 pelo Exmo. Ministro Ilmar Galvão, da autoria de Arion Sayão Romita, retirado de artigo publicado na *Revista LTr* n. 60-08/1051: O direito de trabalhar não se confunde com o direito aos benefícios previdenciários, podendo um mesmo sujeito exercê-lo simultaneamente; ambos defluem de situações perfeitamente caracterizadas e não coincidentes. Subsiste o direito de laborar, manter o contrato individual de trabalho e auferir a vantagem, desde que não seja por invalidez. Assim, o pedido de benefício não promove a rescisão contratual; esta, sim, deriva da vontade do obreiro de deixar de prestar serviços. Não sendo condição legal como era na CLPS para o exercício do direito, se a empresa não deseja mais o aposentado prestando-lhe serviço, deve rescindir--lhe o contrato, assumindo, consequentemente, as obrigações previstas na lei.

A aposentadoria, então, não provoca a extinção do contrato de emprego se o empregado permanece prestando serviços ao empregador após a jubilação, conforme decisão vinculante proferida pelo Supremo Tribunal Federal. O *caput* do art. 453 da CLT, cuja eficácia permanece intacta, não prevê expressamente a extinção do contrato de trabalho como consequência da aposentadoria requerida pelo empregado. Refere-se apenas à apuração de tempo de serviço em caso de readmissão. No âmbito previdenciário, a Lei n. 8.213/91, estatuindo acerca da aposentadoria por tempo de serviço, ou seja, proporcional, dispõe no art. 54 que o início se dará da mesma forma que a da aposentadoria por idade, disciplinada no art. 49 do mesmo estatuto. Este último preceito reputa expressamente devida a aposentadoria em dois casos: a partir da data do desligamento do emprego ou da data do requerimento, quando não houver aludido desligamento. Veja-se o teor dos artigos mencionados: art. 54. A data do início da aposentadoria por tempo de serviço será fixada da mesma forma que a da aposentadoria por idade, conforme o disposto no art. 49. Art. 49. A aposentadoria por idade será devida: I. ao segurado empregado, inclusive o doméstico, a partir: a) da data do desligamento do emprego, quando requerida até essa data ou até 90 (noventa) dias depois dela; ou b) da data do requerimento, quando não houver desligamento do emprego ou quando for requerida após o prazo previsto na alínea a. II. para os demais segurados, da data da entrada do requerimento. A conclusão a que chega, por conseguinte, ante a suspensão da eficácia dos §§ 1º e 2º do art. 453 da CLT, pelo Supremo Tribunal Federal, é de que não há lei que declare a extinção do contrato em face da aposentadoria espontaneamente requerida pelo empregado. A Lei n. 8.213/91 (art. 49) parece sugerir exatamente o contrário. Recorde-se que a Medida Provisória n. 1.522, de 11.10.96, foi responsável, à época, também pela nova redação conferida ao art. 148 da Lei n. 8.213/91, nos seguintes termos: O ato de concessão de benefício de aposentadoria importa extinção do vínculo empregatício. Entretanto, na terceira edição da referida MP n. 1.523-3, publicada em 10.1.97, suprimiu-se a alteração dada ao art. 148 da Lei n. 8.213/91, cuidando-se, na oportunidade, da alteração do art. 453 da CLT, com a introdução dos §§ 1º e 2º, já aludidos. Entendo que os motivos ora declinados revelam-se suficientes para concluir que a aposentadoria espontânea não pode figurar como mais uma modalidade de extinção do contrato de trabalho, nos casos em que não há solução de continuidade na prestação de serviços. Em decorrência, o empregado faz jus à multa de 40% do FGTS sobre os depósitos de todo o período do contrato de emprego uno, computados o tempo anterior e o posterior à jubilação espontânea seguida da continuidade do labor, contanto que, ao final, opere-se a rescisão do contrato de trabalho sem justa causa. Ante o exposto, dou provimento ao recurso de revista do Reclamante para restabelecer a r. sentença.

ISTO POSTO

ACORDAM os Ministros da Primeira Turma do Tribunal Superior do Trabalho, unanimemente, conhecer do agravo de instrumento e, no mérito, dar-lhe provimento para admitir o recurso de revista; conhecer do recurso de revista, por divergência jurisprudencial, e, no mérito, dar-lhe provimento para restabelecer a r. sentença.

Brasília, 25 de outubro de 2006.

JOÃO ORESTE DALAZEN — Ministro Relator

Resta saber se o efeito *erga omnes*, característico das decisões da Corte Constitucional, efetivamente, obrigará a todos para, enfim, transparecer sem qualquer dúvida, que aposentadoria é benefício e, portanto, não extingue o contrato de trabalho *ipso jure*.

2. Efeitos da inconstitucionalidade: interpretação e visão constitucional da questão

Antes de qualquer tipo de discussão acerca dos efeitos ou consequências da inconstitucionalidade do § 2º do art. 453 da Consolidação das Leis do Trabalho, conforme pressupõe o tema alvitrado, precisamos estabelecer uma nova premissa interpretativa que, de certa maneira, também não deixa de ser decorrente da interpretação constitucional do dispositivo em questão e, outrossim, consequência de sua inconstitucionalidade, atendendo, igualmente, ao tema ora enfocado.

Deferida a medida cautelar e, posteriormente, julgada procedente a ADI n. 1.721 uma constatação tornou-se certa e já podemos afirmá-la sem medo de errar: a aposentadoria espontânea não mais corresponde a uma causa instantânea de extinção do contrato de trabalho. De maneira alguma o benefício previdenciário voluntário, previsto pela Lei n. 8.213/91 — aposentadoria espontânea do trabalhador — terá o condão de extinguir automaticamente o contrato de labor dos trabalhadores regidos pelas normas celetistas, como efetivamente acontecia desde 1997.

Este primeiro entendimento é fundamental e constitui, necessariamente, a base estrutural ou ponto de partida para qualquer debate a ser travado acerca das consequências da inconstitucionalidade de qualquer dos parágrafos do art. 453 da CLT.

As ADIs ns. 1.770 e 1.721, reportando-se, respectivamente, aos §§ 1º e 2º do art. 453 da CLT, foram interpostas em razão da anterior predominância de entendimento diverso do que recém apresentamos como o mais apropriado.

A aposentadoria espontânea era tida por causa legal de extinção do contrato de trabalho face ao disposto no § 2º do multicitado artigo consolidado, relacionando o ato de concessão do benefício à finalização do vínculo de emprego.

Para os chamados empregados públicos, isto é, aqueles que têm por empregador o Estado, mas não são estatutários, sendo, outrossim, regidos pela CLT, a aposentadoria espontânea tinha também o poder de tornar nulo o contrato de trabalho daqueles que continuassem trabalhando sem atender às exigências do parágrafo primeiro do art. 453 da CLT. Destarte, os empregados de empresas públicas ou sociedades de economia mista precisavam prestar novo concurso público e concorrer às suas antigas vagas, respeitando também as vedações de acumulação de cargos públicos dispostas no inciso XVI do art. 37 da Constituição Federal para não serem os seus contratos de trabalho considerados nulos de pleno direito. Isto porque, da mesma forma, interpretava-se que o contrato de trabalho se extinguia pela aposentadoria espontânea.

As dúvidas a serem solucionadas quanto às consequências da inconstitucionalidade do parágrafo primeiro do art. 453 da CLT também são muitas, mas tentaremos nos ater ao tema proposto pela Academia Nacional de Direito do Trabalho, que delimita a celeuma referente à inconstitucionalidade do parágrafo segundo. Tal medida restritiva do tema faz-se por puro bom senso para que possamos analisar o assunto com maior profundidade e parcimônia, o que não seria possível se a temática fosse por demais extensiva. Todavia, forçoso adiantarmos que as consequências da inconstitucionalidade do parágrafo segundo também se estenderiam ao disposto no parágrafo primeiro, produzindo efeitos sobre este, o que somente não ocorrerá por falta de necessidade, em virtude da interposição da ADI n. 1.770, que também culminou com o julgamento da inconstitucionalidade de tal dispositivo legal.

Aos 19 dias de dezembro de 1997 foi concedida liminar por votação majoritária da Corte Suprema, suspendendo a eficácia do § 2º do art. 453 da CLT. A medida cautelar em Ação Direta de Inconstitucionalidade foi proposta e deferida face à relevância do pedido restar demonstrada e da aparência de razoabilidade das alegações ser também convincente, configurando-se o *fumus boni iuris*. A notória periculosidade na demora do julgamento, caracterizadora do *periculum in mora*, à solução da controvérsia, igualmente, restou demonstrada pela considerável quantidade de pessoas que seriam afetadas com o retardamento da decisão final.

A angustiante espera pela declaração, ou não, de tal inconstitucionalidade em futura decisão final do Supremo Tribunal Federal passaria a ser menos perturbadora, pois, com a suspensão dos efeitos dos dispositivos celetistas impugnados, a partir do deferimento das medidas cautelares, requisitadas pelos autores das ADIs ns. 1.721 e 1.770, os processos ficariam sobrestados até a decisão final do STF.

Somente aos 11 dias de outubro de 2006 veio a decisão definitiva da Corte do Supremo Tribunal Federal no sentido de ratificar os argumentos da cautelar deferida para determinar a declaração de inconstitucionalidade dos parágrafos primeiro e segundo do art. 453 da CLT. Com efeito, dada a eficácia *erga omnes* das decisões de cunho constitucional proferidas pelo Supremo Tribunal Federal, não mais poderia prevalecer qualquer interpretação que entendesse a aposentadoria espontânea como motivo para o ponto final do vínculo empregatício, que antes unia empregado e empregador em decorrência da manifestação de vontade de ambos externada no contrato de trabalho. Em outras palavras, tanto o contrato como o vínculo de emprego, daí resultante, não mais terminam em razão da pura e simples aposentadoria voluntária do trabalhador.

AÇÃO DIRETA DE INCONSTITUCIONALIDADE. ART. 3º DA MP N. 1.596-14/97 (CONVERTIDA NA LEI N. 9.528/97), NA PARTE EM QUE INCLUIU § 2º NO ART. 453 DA CLT. ALEGADA OFENSA À CONSTITUIÇÃO.

O diploma normativo impugnado (...) ao dispor que a aposentadoria concedida a empregado que não tiver completado 35 anos de serviço (aposentadoria proporcional por tempo de serviço) importa extinção do vínculo empregatício — efeito que o instituto até então não produzia —, na verdade, outra coisa não fez senão criar modalidade de despedida arbitrária ou sem justa causa, sem indenização, o que não poderia ter feito sem ofensa ao dispositivo constitucional sob enfoque. Presença dos requisitos de relevância do fundamento do pedido e da conveniência de pronta suspensão da eficácia do dispositivo impugnado. Cautelar deferida.

Esta interpretação deve ser entendida como ideia formulada pelos olhos do constituinte, isto é, devemos entender que as ADIs levaram ao conhecimento de nossa Corte Constitucional a questão da aposentadoria espontânea e seus efeitos no contrato de trabalho não apenas para expulsar do mundo jurídico os parágrafos impugnados, mas também para firmar, com embasamento em tal expulsão, o entendimento constitucional da matéria enfocada na decisão. Ou seja, o que deixa de prevalecer e de existir com eficácia contra todos em nosso ordenamento jurídico não devem ser somente os dois parágrafos do infeliz art. 453 da CLT, mas sim toda e qualquer interpretação contrária à Constituição que, aos olhos de nossos Ministros do STF, não admite a aposentadoria espontânea como causa de extinção do vínculo de emprego. Eis uma nova premissa.

3. Uma premissa estabelecida e o surgimento de dois tipos de trabalhadores

Se o contrato de trabalho continua é porque não termina e se não termina é porque também continua. Não obstante sua clara evidência, tal afirmação possui valor didático diante das muitas posições emitidas sem qualquer embasamento jurídico e sociológico acerca da celeuma em tela.

O contrato laboral naturalmente deve observar os princípios específicos do Direito do Trabalho, pautando neles a sua previsão e consequências. Os ministros do STF primaram por tais princípios para eliminar do nosso ordenamento jurídico os textos dos parágrafos primeiro e segundo do art. 453 da CLT e, assim, estabelecer uma nova premissa para a aposentadoria espontânea durante o contrato de trabalho. Premissa esta que deveria ser velha, pois fundada em velhos princípios que outrora foram deixados de lado e, por isso, agora somos forçados a admitir sua incidência como ideias aparentemente novas, o que não corresponde à realidade. Nova, portanto, foi a injusta premissa de extinção do contrato de trabalho por aposentadoria espontânea

— erradicada de nosso ordenamento jurídico pela interpretação do STF — e não a premissa que agora passará a viger, não obstante o fato de já existir há muito tempo.

Tentando identificar as possibilidades a serem atualmente apresentadas, iniciaremos refletindo sobre as hipóteses que poderão surgir no mundo dos fatos, analisando, em seguida, as suas consequências para o mundo do Direito.

Enfrentaremos a questão de como as interpretações legais, supervenientes à cautelar e à procedência da ADI n. 1.721, refletirão no mundo fático-jurídico dos trabalhadores. Nosso primeiro pensamento, frisamos, deve ser o de que a aposentadoria espontânea jamais terá o efeito de extinguir o contrato ou o vínculo de emprego. Esta é a velha premissa constitucional somente agora estabelecida pela interpretação do Tribunal Guardião da Constituição Federal: o Supremo Tribunal Federal.

Feito isso, poderemos confrontar a nova situação de tais contratos diante da prevalência de suas continuidades e realidades. Ou seja, em decorrência do reconhecimento do STF da unicidade contratual, mesmo exercido pelo empregado o seu direito constitucional disponível de aposentar-se voluntariamente, o contrato em nada irá se alterar com o advento da aposentadoria espontânea do trabalhador.

A priori, poderemos visualizar com clareza duas possibilidades concretas quais sejam:

a) a situação do empregado aposentado por tempo de serviço durante a vigência do contrato de trabalho que segue trabalhando para a empresa após o jubilo; e

b) a do empregado que também se aposenta por preenchimento dos requisitos de tempo de serviço proporcional, mas opta também pela sua saída da empresa para, efetivamente, aposentar-se, ou melhor, "retornar aos aposentos" sem mais trabalhar.

Das duas situações decorrem efeitos diversos quando as encararmos no final do contrato de trabalho, que poderá se dar de acordo com uma das formas estabelecidas pela CLT. Deixemos para mais tarde o tratamento específico das formas de extinção do contrato de trabalho para nos atermos agora à postura de cada um dos dois perfis de trabalhador ora apresentados.

Na primeira situação vislumbramos um trabalhador que anseia por aposentar-se e, adquirindo os requisitos que a lei prevê e determina, exerce esse direito assegurado pela Constituição Federal e regulamentado na legislação previdenciária (Lei n. 8.213/91), aposentando-se voluntariamente. Tal empregado, porém, não deseja nada mais do que a obtenção do benefício a ele garantido por lei. Esta é a única modificação que tal trabalhador buscou com a opção do benefício previdenciário, qual seja o de simplesmente recebê-lo. Portanto, facilmente percebe-se que tal empregado não pretende deixar de trabalhar, pois para ele não faz sentido abandonar o seu salário em troca de proventos proporcionais menores que o salário mensal até então recebido. Isto sem falar da possibilidade de perder a indenização de 40%

sobre o FGTS do primeiro período trabalhado, conforme o entendimento consolidado pela OJ n. 177 do TST, quando o empregador não mais desejar a sua manutenção no emprego e este tiver sido aposentado espontaneamente antes disso. Tal trabalhador, igualmente, quer e precisa continuar trabalhando. Tal trabalhador enxerga claramente as diferenças entre continuar no seu emprego e parar de trabalhar. Tal trabalhador também enxerga que não deve valer a pena receber um "benefício" que o irá privar de seu trabalho e real sustento. Em síntese, o único desejo de tal trabalhador é melhorar a sua condição econômica e social.

Em nosso segundo perfil de trabalhador idealizado, o obreiro também quer aposentar-se, porém, nem mais nem menos que em nossa primeira suposição. Ocorre que, ao contrário do primeiro, este segundo trabalhador não mais deseja, ou melhor, não mais precisa seguir trabalhando porque assim optou no momento da jubilação. Tal trabalhador, por sua vez, busca a aposentadoria voluntária também porque a lei o autoriza a tanto. Este trabalhador também enxerga a diferença entre se manter trabalhando e parar de trabalhar, optando pela segunda condição por livre e espontânea vontade, não somente por receber os proventos proporcionais, mas também por fazer jus ao descanso, extinguindo por ato unilateral de vontade o seu próprio contrato de trabalho. Este trabalhador sequer pensa em multa indenizatória, pois tem a real intenção de deixar seu emprego e descansar, não havendo razão, portanto, para proteger a relação de emprego findada. Tal trabalhador ao parar de trabalhar o faz porque julga possuir condições de sobreviver dignamente com os proventos da aposentadoria espontânea e, fundado nessa nova situação jurídica, decide parar de trabalhar. Tal decisão, todavia, é disponibilizada ao trabalhador, como no caso do pedido de demissão, não mais constituindo, como previa o § 2º do art. 453, uma regra geral, mas sim uma exceção cujo direito de exercício está nas mãos do empregado.

Separemos as possibilidades em enfoque para melhor visualização das mesmas:

1. Empregado aposentado voluntariamente, por tempo de serviço, conforme as disposições da Lei n. 8.213/91, exercendo direito constitucional, entende que com seus novos proventos, referentes ao benefício que irá receber do INSS, não conseguirá, simplesmente, relaxar e gozar do benefício — como poderia sugerir a nossa ilustre Ministra do Turismo — por constatar que, usufruindo apenas dos proventos proporcionais do INSS, não será capaz de sequer manter a sua situação econômica estabilizada, quanto menos dar-se ao luxo de parar de trabalhar, relaxar e, ainda, gozar. Tal trabalhador, também por livre e espontânea vontade, como no segundo caso, opta por aposentar-se, mas não abandona o seu emprego. Certamente, não porque o ama demais e não suportaria a dor física e psicológica de nunca mais ter de ver, todo santo dia, o rosto meigo e angelical de seu tão querido e amável supervisor. Ocorre que tal trabalhador necessita, e muito, da manutenção de seu emprego, ou melhor, que sua batalhada conquista, aguardada mensalmente, não lhe seja retirada em nome de um falso benefício, pois, literalmente, suou e mereceu o recebimento de seu sagrado e necessário salário.

2. Empregado aposentado voluntariamente, por tempo de serviço, conforme as disposições da Lei n. 8.213/91, exercendo direito constitucional, entende que com seus novos proventos, referentes ao benefício que irá receber do INSS, poderá sobreviver dignamente sem mais trabalhar. Tal trabalhador, por livre e espontânea vontade, não só opta por aposentar-se, mas também por deixar o seu emprego e parar de trabalhar. Tal trabalhador, infelizmente, não corresponde à esmagadora maioria dos trabalhadores brasileiros que, em realidade, se pararem de trabalhar passarão por gravíssimas dificuldades financeiras, acarretando ainda mais graves problemas sociais em nosso país.

No capítulo seguinte, analisaremos separadamente cada uma das proposições acima dispostas. Iniciaremos pela segunda suposição qual seja a do trabalhador que resolve se aposentar e, efetivamente, recolher-se aos aposentos. Em seguida, voltaremos à situação do aposentado por livre alvitre que, ainda assim, pretende continuar trabalhando.

3.1. Aposentado e inativo por vontade própria

Encontramos sérias dificuldades de enxergar tal trabalhador frente à realidade social brasileira. Expliquemos por quê. É notório serem baixíssimos os proventos pagos pelo INSS àquelas pessoas que recebem o benefício previdenciário em seu caráter integral. Mais notório ainda, com o perdão da redundância, é ser ainda mais baixo, para não se dizer irrisório, o valor recebido a título de proventos de aposentadoria proporcional por tempo de serviço.

Parece ilógico, portanto, supormos que algum trabalhador brasileiro hoje possa, mesmo preenchendo os requisitos para aposentar-se por tempo de serviço proporcional, sair nas ruas, pulando e gritando, efusivamente alegre e entusiasmado, anunciando a todos a sua nova condição de aposentado por vontade própria. Tal trabalhador, certamente, não existe aos montes no Brasil atual, se é que um dia já existiu.

Para atender ao que dispõe nossa Carta Maior, o trabalhador, ou melhor, o cidadão brasileiro, seja ele aposentado ou não, deveria poder viver com dignidade. Ou pode viver dignamente, ou, em tese, não estará vivendo na ideal República Federativa do Brasil, formada pela união indissolúvel dos Estados, Municípios e Distrito Federal, constituindo-se num Estado Democrático de Direito, conforme disposição de nossa Lei Suprema. Não se trata de mero idealismo, trata-se, na verdade, de determinação constitucional, consubstanciada no primeiro de todos os duzentos e cinquenta artigos rígidos de tal Magna Carta.

No inciso III do art. 1º consta expressa a postura digna que podemos e devemos almejar adquirir. Logo, conclui-se que, sob pena de autoexclusão do próprio Estado Democrático de Direito ideal e constitucional, o trabalhador comum não poderá jamais abster-se de trabalhar! Em que pese o exagero, nossa crise social também exagera e em proporções cada vez mais alarmantes, quase inacreditáveis.

Justamente por isso, o natural seria não acreditarmos na loucura estabelecida, disponibilizando infinitas desculpas esfarrapadas para tentar justificar a realidade e conceber que, assim, nossa consciência nos permita dormir em paz à noite e até mesmo sonhar com melhores perspectivas. Eis o lamentável comportamento de representativa parte de nossa sociedade.

O trabalhador comum, porém, não pode se dar ao luxo de desfrutar de regalias como sonhos de perspectivas melhores. O seu sonho é sonhado no dia a dia, sobrevivendo e subsistindo como melhor conseguir. Cada um por si e Deus por todos, muitos dizem. Será que estão com a razão?

Não obstante o recém-exposto, se o trabalhador já não mais possuir condições de enfrentar seu sonho diário, ou melhor, o pesadelo da realidade, poderá parar de trabalhar por vontade própria. Isso somente ocorrerá, porém, em virtude do seu cansaço físico e mental, por faltar-lhe esperança e não por faltar-lhe condições legais de seguir trabalhando, afinal, ressalte-se, a aposentadoria espontânea não mais extingue o vínculo de emprego.

O trabalhador que optar por parar de trabalhar após o seu jubilamento espontâneo, portanto, não estará parando por obrigatoriedade decorrida de sua aposentadoria voluntária, e sim por sua livre escolha. Escolha, por sinal, extremamente corajosa para tentar a sorte e sobreviver "dignamente" apenas com seus proventos proporcionais.

3.2. Aposentado por vontade própria, mas inativo somente por determinação alheia à sua vontade!

A segunda possibilidade frente à aposentadoria espontânea do trabalhador é bem mais verossímil em um país de cerca de 50 milhões de pessoas abaixo da linha da miséria, aproximadamente 15% de analfabetos e perto de atingir a fantástica marca de 8 milhões de desempregados.

Cuida-se agora da possibilidade de o trabalhador, mesmo aposentado, continuar trabalhando para tentar viver dignamente e, assim, atender — ou fazer o possível e o impossível para tentar atender — aos desígnios da nossa, por vezes utópica, Constituição Federal.

Ao continuar trabalhando após a sua jubilação voluntária por tempo de serviço o trabalhador irá receber do Estado os proventos do INSS e de seu empregador o seu salário mínimo, complementando a sua parca renda mensal. Mister ressaltar, outrossim, as diferentes relações que ensejam o benefício previdenciário e o salário mínimo. O primeiro advém da relação entre o segurado com o INSS, sem qualquer relação com o segundo, resultante da relação empregatícia mantida entre o empregado e o seu empregador.

O trabalhador que se aposentou voluntariamente e decidiu internamente que não deixaria este pequeno benefício interferir no seu real sustento, advindo de seu emprego e consequente salário, poderá parar de trabalhar com a consumação de sua aposentadoria espontânea. Em que pese a não mais extinção *ipso iure* do contrato de trabalho este não está munido de qualquer tipo de estabilidade capaz de obstar o seu término lícito. Ocorre que tal término precisará se dar por uma das formas descritas pela CLT, submetendo-se as partes integrantes do contrato desfeito às disposições legais para o surgimento de tais situações jurídicas extintivas. Em outras palavras, o trabalhador pode sim ser desligado de seu emprego, extinguindo-se o contrato de trabalho após a consumação da aposentadoria espontânea, mas terão de ser observados os critérios legais para tanto. Ou seja, não ocorrendo morte do empregado, pedido de demissão ou demissão por justa causa, serão devidas as verbas rescisórias advindas do término do contrato de trabalho, dentre elas a indenização de 40% sobre a conta vinculada ao FGTS do trabalhador. Isto porque a extinção do contrato de trabalho terá se dado ou por despedida arbitrária ou por despedida sem justa causa, amoldando-se tais situações à previsão do art. 7º, inciso I, da Constituição e do art. 10 do ADCT.

Analisemos a decisão da quarta turma do Tribunal da 3ª Região a seguir:

Processo 00589-2006-074-03-00-0

EMENTA: ART. 453 DA CLT — APOSENTADORIA VOLUNTÁRIA — EXTINÇÃO DO CONTRATO DE TRABALHO — ORIENTAÇÃO JURISPRUDENCIAL N. 177 DA SBDI-1 DO COLENDO TST — POSICIONAMENTO ITERATIVO DO SUPREMO TRIBUNAL FEDERAL — NÃO CONFIGURAÇÃO. O Excelso STF tem entendido violar o art. 7º, inciso I, da Constituição da República, a decisão judicial que, partindo de premissa derivada de interpretação conferida ao art. 453, *caput*, da CLT, profere provimento no sentido da extinção do contrato de trabalho, mesmo quando o empregado continua a trabalhar na empresa após a concessão do benefício previdenciário. Destarte, a "... aposentadoria espontânea pode ou não ser acompanhada do afastamento do empregado de seu trabalho: só há readmissão quando o trabalhador aposentado tiver encerrado a relação de trabalho e posteriormente iniciado outra; caso haja continuidade do trabalho, mesmo após a aposentadoria espontânea, não se pode falar em extinção do contrato de trabalho e, portanto, em readmissão... (ADIn n. 1.721-MC, Ilmar Galvão, RTJ 186/3; ADIn n. 1.770, Moreira Alves, RTJ 168/128)" (STF-RE-449.420, 1ª Turma, Rel. Min. Sepúlveda Pertence, DJU 14.10.05, p. 0013. 2) Destarte, na hipótese de continuação da prestação de serviços após a concessão do benefício previdenciário, como no caso concreto, não se poderá falar em extinção do contrato de trabalho, muito menos em readmissão. A lei previdenciária não mais exige o desligamento do autor do emprego para o deferimento da aposentadoria. É o que se chama de aposentado ativo. Portanto, escorreita a decisão recorrida ao entender ter sido o reclamante dispensado sem justa causa, fazendo jus, assim, ao pagamento do aviso prévio e à multa de 40% do FGTS. Recurso conhecido e desprovido.

Vejamos também a decisão da terceira Turma do Tribunal da 3ª Região:

Processo 00338-2006-113-03-00-3

EMENTA: APOSENTADORIA ESPONTÂNEA. EXTINÇÃO DO CONTRATO. MULTA DE 40% SOBRE O FGTS. DESNECESSIDADE DE NOVO CONCURSO. A tese de que a aposentadoria espontânea extingue o contrato de trabalho não encontra guarida no *caput* do art. 453 da CLT. Isto, porque o termo readmissão consignado ali pressupõe, por óbvio, a terminação do contrato de trabalho, para que seja lógica a existência de uma readmissão. E a aposentadoria espontânea não é causa de extinção do contrato de trabalho. Ao admitir-se entendimento contrário, estar-se-iam convalidando os atos praticados contra o interesse do trabalhador, em dissonância com a filosofia do direito do trabalho, expressada, de forma inconteste, pelo princípio protetor. Ressalte-se que a circunstância de a empregadora ser autarquia municipal, por si só, não modifica o raciocínio acima exposto. É que, estando perfeito o pacto firmado entre as partes e, considerando-se que a aposentadoria não põe fim ao contrato de trabalho, não há que se exigir novo concurso após o jubilamento, exatamente porque não há novo contrato, mas a manutenção daquele originalmente estabelecido. Diante disto, não resta dúvida de que é devida a multa de 40% sobre o período laborado anterior à aposentadoria.

4. Extinção do contrato de trabalho: vontade da lei, do empregador ou do empregado?

O vínculo empregatício decorre do contrato de trabalho firmado entre o empregado e o empregador. A CLT nos traz as diversas formas de extinção deste contrato e, por consequência, também do vínculo havido quais sejam: a despedida arbitrária, a despedida sem justa causa, a despedida por justa causa, o pedido de demissão, a extinção por morte, por conclusão de prazo pré-fixado, por extinção da empresa ou ainda por rescisão indireta. Fácil perceber, diante das mencionadas hipóteses de extinção do vínculo empregatício, que o término do contrato de trabalho depende, única e exclusivamente, da vontade de, pelo menos, uma das partes ou da determinação da lei.

Quando se reconheceu que a aposentadoria espontânea não mais configurava hipótese de término do contrato de trabalho, deu-se, portanto, importância notória à vontade das partes, o que não se fazia presente na hipótese do § 2º do art. 453, eliminada por ofensa à Constituição Federal.

Antes da ADI n. 1.721 a aposentadoria espontânea acarretava a extinção do vínculo de emprego, não importando sequer a vontade do empregador que, inclusive, nos casos de faltas graves cometidas pelos seus empregados poderia escolher se extinguiria, ou não, os contratos de trabalho. Sem sentido, face ao exposto, a não disponibilidade às partes para decidirem pela continuação ou término do contrato de trabalho. Destarte, devemos analisar com parcimônia e cautela a extinção do contrato de trabalho do trabalhador aposentado espontaneamente, que não mais ocorrerá em virtude da aposentadoria, como dispunha o § 2º do art. 453 da CLT.

Tal extinção, portanto, ocorrerá — a partir da inconstitucionalidade declarada na ADI n. 1.721 — na confirmação fática de uma das hipóteses previstas dentre os arts. 477 a 486 da CLT, excluindo-se, enfim, as que dispunham os parágrafos do art. 453, notadamente o § 2º que, especificamente, determinava a extinção do vínculo de emprego pela aposentadoria espontânea requerida.

As hipóteses de extinção do contrato de trabalho que chamam à atenção no momento atual de discussão são:

1. Despedida arbitrária: aquela que não se fundar em motivos disciplinares, técnicos, econômicos ou financeiros, conforme a previsão do art. 165 da CLT. Nas palavras de *Valentin Carrion* motivo disciplinar são: "os atos ou omissões do empregado que constituam infração a uma obrigação legal ou contratual".

2. Despedida sem justa causa ou motivação: aquela que não se revestir de qualquer das hipóteses ensejadoras de justa causa, constantes no art. 482 da CLT. *Valentin Carrion* define justa causa como: "efeito emanado de ato ilícito do empregado que, violando alguma obrigação legal ou *contratual*, explícita ou implícita, permite ao empregador a rescisão do contrato sem ônus (pagamento de indenizações ou percentual sobre os depósitos do FGTS, 13º salário e férias, estes dois proporcionais)". Já *Mozart Victor Russomano*, ao tratar da justa causa, leciona: "O empregado tem a obrigação de ser ativo, diligente e interessado nas tarefas que lhe entregam. A desídia é a violação desse dever: é a negligência, a imprudência, a má-vontade revelada pelo empregado na execução de seus encargos".

Ocorrendo uma destas formas de término do contrato e do vínculo de emprego, fará jus o ex-empregado às indenizações previstas no art. 7º, inciso I da Constituição Federal, que nos remete ao art. 10 do ADCT, conferindo aplicabilidade imediata à indenização compensatória prevista no art. 7º e ainda não regulamentada pela lei complementar competente.

Quando abandonamos o sistema da estabilidade — que, na verdade, jamais garantiu qualquer emprego de maneira plena, dada a inevitabilidade, por exemplo, da possível falência das empresas — passou-se a proteger a relação de emprego de outra forma com a elaboração da Carta Magna democrática de 1988.

Para proteger a relação de emprego, tendo por foco o trabalhador hipossuficiente, buscou-se evitar as despedidas arbitrárias e sem justa causa, estabelecendo-se no art. 7º, inciso I da Constituição Federal dita proteção ou tutela. Visando à melhoria da condição social dos trabalhadores, tal artigo e inciso determinaram que lei complementar incumbir-se-ia de regulamentar tais formas de despedida injusta, estabelecendo uma indenização compensatória para o advento dessas. O referido diploma legal trará também outros direitos dos trabalhadores cujos contratos se tenham extinguido pela vontade única de seus empregadores, de acordo com o art. 7º, inciso I da Constituição Federal que assim dispôs no seu Capítulo II:

DOS DIREITOS SOCIAIS

Art. 7º São direitos dos trabalhadores urbanos e rurais, além de outros que visem à melhoria de sua condição social:

I — relação de emprego protegida contra despedida arbitrária ou sem justa causa, nos termos de lei complementar, que preverá indenização compensatória, dentre outros direitos.

A mencionada Lei Complementar, entretanto, jamais saiu do plano ideal para o plano fático. O Ato das Disposições Constitucionais Transitórias, todavia, em seu art. 10 garantiu a aplicação imediata do que determina o art. 7º, I da Constituição Federal, prevendo uma multa de caráter indenizatório em seu inciso I e algumas estabilidades provisórias em seu inciso II.

O art. 10 do ADCT encontra-se inserido na Constituição Federal com a seguinte redação:

Ato das Disposições Constitucionais Transitórias

Art. 10 — Até que seja promulgada a lei complementar a que se refere o art. 7º, I, da Constituição:

I — fica limitada a proteção nele referida ao aumento, para quatro vezes, da porcentagem prevista no art. 6º, *caput* e § 1º, da Lei n. 5.107, de 13 de setembro de 1966;

II — fica vedada a dispensa arbitrária ou sem justa causa:

a) do empregado eleito para cargo de direção de comissões internas de prevenção de acidentes, desde o registro de sua candidatura até um ano após o final de seu mandato;

b) da empregada gestante, desde a confirmação da gravidez até cinco meses após o parto.

§ 1º Até que a lei venha a disciplinar o disposto no art. 7º, XIX, da Constituição, o prazo da licença-paternidade a que se refere o inciso é de cinco dias.

§ 2º Até ulterior disposição legal, a cobrança das contribuições para o custeio das atividades dos sindicatos rurais será feita juntamente com a do imposto territorial rural, pelo mesmo órgão arrecadador.

§ 3º Na primeira comprovação do cumprimento das obrigações trabalhistas pelo empregador rural, na forma do art. 233, após a promulgação da Constituição, será certificada perante a Justiça do Trabalho a regularidade do contrato e das atualizações das obrigações trabalhistas de todo o período.

4.1. A vontade da lei

A vontade da lei, inicialmente, foi de primar pela proteção ao trabalho. Assim o fez de diferentes maneiras em seus arts. 1º, 5º, 6º, 7º, 8º, 9º, 170, 173, 193, 195 e 202 por meio da Carta Magna de 1988, Lei Suprema do Estado Democrático de Direito que o Brasil se propõe a ser.

À proteção específica da relação de emprego incumbiu-se o art. 7º, inciso I da CF, utilizando-se do art. 10 do ADCT para vedar as despedidas arbitrárias ou sem justa causa, sob pena de indenização prevista no inciso I deste dispositivo regulador das disposições constitucionais transitórias. Notória, portanto, a vontade legal de tutela à relação mantida entre o empregado e o empregador com claro intuito de favorecer os direitos sociais e, com isso, a própria sociedade brasileira.

Não obstante o que acaba de ser visto, nosso legislador derivado entendeu por bem modificar este entendimento protecionista para passar a albergar no ordenamento jurídico uma nova forma de extinção contratual em 1997. Tal maneira de extinguir--se o contrato de trabalho — aposentadoria espontânea — por não estar prevista nem no art. 7º, inciso I, da Constituição Federal de 1988, nem no art. 10 do ADCT, não ensejava o pagamento de verba indenizatória em desfavor do empregador.

O art. 453 da CLT, em sua redação original, tinha a seguinte redação no Capítulo I, Título IV:

Do Contrato Individual de Trabalho

Disposições Gerais

Art. 453. No tempo de serviço do empregado, quando readmitido, serão computados os períodos, ainda que não contínuos, em que tiver trabalhado anteriormente na empresa, salvo se houver sido despedido por **falta grave ou** tiver recebido **indenização legal**.

Somente não seriam somados os períodos descontínuos de trabalho, conforme o artigo transcrito, se o empregado fosse despedido em hipótese de justa causa, nos termos do art. 482 da CLT, ou houvesse recebido a indenização legal, referente aos contratos protegidos pelo regime da estabilidade — regime esse anterior à Constituição de 1988, que passa a prever como único regime o do FGTS.

Pela interpretação de tal artigo foram publicados o Enunciado n. 21 do TST e a Súmula n. 215 do STF que assim dispõem:

Enunciado n. 21 do TST. O empregado aposentado tem direito ao cômputo do tempo anterior à aposentadoria, se permanecer a serviço da empresa ou a ela retornar.

Súmula n. 215 do STF. Conta-se a favor do empregado readmitido o tempo de serviço anterior, salvo se houver sido despedido por falta grave ou tiver recebido a indenização legal.

No dispositivo legal em comento, no ano de 1975, por meio da Lei n. 6.204, introduziu-se uma nova hipótese para a exclusão da somatória dos períodos de serviço prestado. Esta nova hipótese — antes não prevista pelo art. 453 — de não contagem do tempo de serviço para fins de readmissão era a aposentadoria espontânea do trabalhador. Surgia uma nova hipótese excepcional de não contagem do tempo de serviço a favor dos trabalhadores, mas a aposentadoria espontânea ainda não tinha o condão de extinguir instantaneamente o vínculo empregatício.

O legislador à época entendia que o texto do Enunciado n. 21 do TST dificultava a obtenção de readmissão do empregado aposentado espontaneamente em razão da falta de interesse do empregador em arriscar que, com o cômputo do período anteriormente trabalhado, seu empregado adquirisse estabilidade.

Provavelmente, a Lei n. 6.204/75 baseou-se no que dispunha a Lei n. 5.890/73, que previa a necessidade de desligamento do emprego para a concessão da aposentadoria por tempo de serviço, para dispor a nova hipótese excepcional do art. 453. Porém, frise-se, tal desligamento era necessário para a concessão da aposentadoria, o que não significa dizer que a aposentadoria espontânea já extinguia o vínculo empregatício. O empregado primeiro se desligava do emprego por vontade própria para depois poder requerer o benefício previdenciário.

A mudança no art. 453 celetista teve, portanto, o objetivo de evitar o pagamento de indenização pelos empregadores, estimulando as aposentadorias voluntárias e obstando a contagem do tempo de serviço anterior às mesmas quando os aposentados retornassem ao antigo emprego. Este foi o objetivo da alteração do art. 453 da CLT, que ainda não possuía seus dois complexos e inconstitucionais parágrafos.

O TST, entretanto, não sucumbiu imediatamente à nova previsão do art. 453, editando, após a publicação da Lei n. 6.204/75, a Resolução Administrativa n. 53/75 com intuito de esclarecer a manutenção do Enunciado n. 21, claramente contrário à então novidadeira expressão da Lei n. 6.204 na CLT. Somente em 1994, pela Resolução n. 30 daquele ano, cancelou-se o Enunciado n. 21 do TST por entender--se estar superada a interpretação da orientação pelo novo texto do art. 453 da CLT.

A nova redação do *caput* do art. 453 passou a ser a seguinte, após o advento da Lei n. 6.204/75:

> **Art. 453.** No tempo de serviço do empregado, quando readmitido, serão computados os períodos, ainda que não contínuos, em que tiver trabalhado anteriormente na empresa, salvo se houver sido despedido por falta grave, recebido indenização legal ou se **aposentado espontaneamente**.

Perceba-se que antes da modificação no *caput* do art. 453 da CLT não havia qualquer restrição à contagem de tempo de serviço a favor do empregado que deixara propositadamente o seu emprego para poder requerer o benefício previdenciário, conforme a disposição da Lei n. 5.890/73. Tal lei, repita-se com máxima vênia, não determinava ainda a extinção do vínculo de emprego, mas tão somente disciplinava a necessária saída do emprego para o requerimento do benefício, ou seja, não havia outra maneira de se requerer o benefício. O desligamento era necessário, mas não decorria da automática vontade de qualquer lei, e sim do próprio empregado que almejava o benefício a ponto de deixar o seu emprego para poder requerê-lo.

Da mesma forma, a nova redação do art. 453, dada pela Lei n. 6.204/75, também não fulminava o vínculo de emprego que só seria desfeito pela vontade única do empregado ansiado por descanso, nos termos da Lei n. 5.890/73.

Analisemos separadamente as não mais duas, mas três hipóteses de não cômputo dos períodos trabalhados anteriormente ao jubilo:

1. Falta grave:

A dispensa por justa causa, como já demonstrado, corresponde a forma de extinção, ou melhor, de ruptura do contrato de trabalho por motivo de incompatibilidade entre as atitudes do empregado e os desígnios do empregador, na forma da lei. Nos termos do art. 482 da CLT, praticando uma das atitudes ali mencionadas, o empregado dará causa à possibilidade do empregador —

não satisfeito — extinguir validamente o contrato de trabalho sem o pagamento de qualquer valor a título de indenização, senão os determinados por lei. Outrossim, aquele empregado que cometer falta grave e tiver o seu vínculo empregatício terminado em razão disso, ficará impedido de contar a seu favor os períodos descontínuos trabalhados na empresa quando for readmitido.

2. *Indenização legal:*

O pagamento da indenização legal fulmina o direito à contagem para fins de obtenção de estabilidade decenal, não se contando, outrossim, a favor do empregado a soma dos períodos trabalhados, salvo se o pagamento da indenização não estiver correto, hipótese em que somar-se-ão os períodos de serviço prestado na readmissão.

3. *Aposentadoria espontânea:*

O requerimento deste benefício previdenciário como causa legal de não contagem dos períodos de serviço anteriormente prestados ao empregador, como recém abordamos, não extinguia ainda o contrato de trabalho por si só. O requerimento do benefício previdenciário precisava sim, ser feito somente após o desligamento do empregado, conforme a disposição da Lei n. 5.890/73, mas tal desligamento não era automático, não prescindindo, outrossim, da vontade do empregado em deixar o emprego para requerer o benefício.

Tal conclusão decorre de interpretação da lei à época e de suas posteriores modificações. Destarte, só poderíamos entender como não sendo absurda a referida hipótese inserida no *caput* do art. 453 se também entendermos que desde a modificação na cabeça (*caput*) de tal dispositivo — que até então era, como já vimos, só cabeça sem membros (parágrafos) — o legislador já firmava, internamente, a posição pela automática extinção do contrato de trabalho em virtude do exercício do benefício previdenciário de aposentadoria espontânea. E se o legislador não cometeu o sério equívoco de elencar a aposentadoria espontânea como causa de não contagem do tempo de serviço prestado para fins de readmissão sem perceber que esta não correspondia ainda a uma causa de extinção do vínculo, não havendo, portanto, que se falar em readmissão pela aposentadoria espontânea e sim pelo desligamento voluntário do empregado que a iria requerer, pergunta-se: por que anos depois da publicação da Lei n. 6.204/75, ou melhor, cerca de doze anos após a consolidação do entendimento de que a aposentadoria espontânea deveria constar como exceção para a não contagem do tempo de serviço, o então Presidente da República preocupou-se tanto com tal problemática a ponto de, sob questionáveis pressupostos de relevância e urgência, disciplinar a extinção automática do vínculo de emprego por meio de uma medida provisória? E mais, por que o legislador — se já possuía o entendimento de que a aposentadoria espontânea extinguia o vínculo empregatício desde 1975, como nas outras hipóteses do art. 453 — converteu, inutilmente, tal medida provisória em lei?

Já demonstramos que a Lei n. 5.890/73 não tinha o condão de extinguir o vínculo contratual. Também demonstramos que a Lei n. 6.204/75, do mesmo modo, não possuía tal capacidade resolutória. Logo, notaremos que o legislador primeiro equivocou-se ao tratar da aposentadoria espontânea como se instantaneamente fosse já causa de extinção do vínculo, dispondo que o tempo de serviço não seria contado pela aposentadoria espontânea na readmissão. E depois permaneceu equivocado ao tentar consertar o primeiro erro com a instituição de um parágrafo, gritantemente inconstitucional, qual seja o § 2º do art. 453 da CLT.

4.1.1. A lei mal-interpretada pode ocasionar equívocos embaraçantes... (parte I)

Não há resposta plausível para qualquer das perguntas acima indagadas, justamente porque, de fato, o legislador errou uma vez em 1975 e, não satisfeito, voltou a errar em 1997, entendendo duas vezes que a aposentadoria espontânea deveria acarretar a instantânea fulminação do contrato de trabalho para ser sucedido por um novo contrato se o empregado continuasse trabalhando após o jubilo. Na primeira oportunidade porque a aposentadoria espontânea ainda não tinha força para extinguir o vínculo de emprego — o que só veio a ocorrer após a introdução do § 2º no art. 453 da CLT — como o recebimento de indenização legal ou a justa causa. Na segunda oportunidade porque foi expressa a inconstitucionalidade de que o benefício previdenciário acarretaria a extinção do vínculo.

Tal entendimento, data vênia, não mais poderá prosperar, pois se antes tínhamos campo aberto em termos de definição da matéria sob a ótica constitucional, atualmente a recíproca não se faz verdadeira.

Para a primeira interpretação dada ao *caput* do art. 453 da CLT — fundamentando-se na redação da Lei n. 6.204/75 que, inclusive, teve a força de derrubar o anterior entendimento consubstanciado no Enunciado n. 21 do TST — fazer sentido jurídico, ressalte-se a necessidade precípua da aposentadoria espontânea já naquela época — quando sequer existiam os parágrafos do multicitado artigo — ter o condão de extinguir o vínculo de emprego, para que, somente aí, pudéssemos falar em readmissão do trabalhador **pela** aposentadoria espontânea e não **para** a aposentadoria como, de fato, ocorria. (Melhor explicaremos os negritos dos termos "pela" e "para" no capítulo 6 deste estudo).

O que se quer consolidar é que o determinante para a cessação do vínculo não foi a aposentadoria espontânea — por ser ainda inatingível ao empregado que continuava no emprego — mas a saída voluntária do emprego para pedir o benefício, conforme a Lei n. 5.890/73 previa. Portanto, andou mal o legislador em incluir a aposentadoria espontânea em um artigo que excepcionava, exclusivamente, situações que extinguiam o vínculo contratual — justa causa e indenização legal — ao contrário do que fazia a aposentadoria espontânea que, pelo menos diretamente, em nada se relacionava com o término do vínculo. Este se dava pela vontade única do empregado que, extinguindo o vínculo com seu empregador, requeria um benefício previdenciário numa relação completamente distinta da relação empregatícia. O empregado que apenas buscava obter um benefício previdenciário — e faticamente nada pretendia fazer ou deixar acontecer com seu contrato de trabalho — não tinha escapatória, necessitando desligar-se do seu emprego antes, se quisesse pleitear tal benefício previdenciário depois. Mas tal trabalhador não era compelido a deixar seu emprego, podendo, se assim quisesse, permanecer no emprego e deixar de receber o benefício.

Dizendo de outra forma, se não houvesse a extinção do contrato não haveria novo contrato ou nova parte do acordo, mas tão somente o primeiro pacto das partes mantido e prolongado o que, notadamente, melhor se coaduna ao Princípio da Continuidade da Relação Contratual de Emprego e ao Princípio da Realidade Contratual — Princípios Específicos do Direito do Trabalho. Todavia, nessa situação, em virtude do requisito vigente pela Lei n. 5.890/73, o empregado que não deixasse seu emprego não preenchia todas as condições para requerer sua aposentadoria espontânea.

Num segundo momento o legislador, em nossa humilde opinião crítica, conseguiu enxergar o primeiro erro, percebendo, outrossim, que a aposentadoria espontânea ainda não poderia estar relacionada entre as exceções já previstas pelo art. 453, pois ainda lhe faltava o principal para poder-se admitir readmissão de aposentados voluntariamente que seguiram suas relações contratuais normalmente no mundo dos fatos, afinal, a realidade contratual é também Princípio Específico do Direito do Trabalho. E o aspecto principal da readmissão consiste em inaugurar-se um novo pacto laboral com um ex-empregado que, por qualquer razão do universo, veio a ter findada a sua primeira relação com a empresa, vindo então a trabalhar na mesma outra vez. Tal situação notoriamente não ocorria, pois o hipossuficiente — regra geral — não pretendia largar seu emprego — e principal sustento — mas, ainda assim, queria aumentar seus proventos mensais e melhorar sua condição social. Requeria, portanto, o benefício previdenciário sob a falsa alegação de desligamento do emprego, o que em realidade — e pelo Princípio da Realidade Contratual — não acontecia.

Ciente de tal precipitação, o legislador foi ainda mais longe em sua tentativa de solução para o problema, atribuindo à aposentadoria espontânea o efeito de extinguir o vínculo empregatício, pela disposição do novo § 2º do art. 453 da CLT.

A nosso ver, poderia ter sido mais debatida a questão quando da edição da "inconstitucionalíssima" Medida Provisória n. 1.596/97, pois sequer os requisitos constitucionais de relevância e urgência podiam se dizer escancaradamente manifestos, isto para não se dizer que eram, na verdade, inexistentes. A propósito, também não concordamos com o prejuízo de análise dos pressupostos de relevância e urgência mesmo após a conversão das medidas provisórias em lei, afinal, o seu trâmite é especial e, por isso, deve ser especialmente tratado, conforme as disposições constitucionais (art. 62, da Constituição Federal); todavia, a discussão mais aprofundada seria inoportuna.

4.1.2. Breve paralelo: não às inconstitucionalidades!

Fugindo brevemente do tema, faremos apenas um pequeno paralelo para podermos expor a nossa indignação acerca do modo como nosso país, ou melhor, nossos líderes, em especial nossos sucessivos Chefes do Executivo, têm resolvido seus problemas com descaso à sociedade e à Constituição Federal por meio de uma arma de governo conhecida por medida provisória.

As medidas provisórias, que deveriam ser medidas excepcionais de relevância e de urgência, acabaram tornando-se efetivos instrumentos de constante desrespeito à Separação dos Poderes, pois, uma coisa são freios e contrapesos (Teoria do "Checks and Balances") e outra são as intervenções ou invasões despropositadas e inconstitucionais de competência alheia à especificidade de cada Poder.

Se analisarmos a quantidade de medidas provisórias editadas e reeditadas, desde o inesquecível e lastimável governo do ex-Presidente Collor até o nosso atual Presidente — Luiz Inácio Lula da Silva —, chegaremos a uma das duas preocupantes conclusões:

1. Ou nossos governantes perderam mesmo de vista a Lei Maior — que precisa servir de base a regulamentar suas ações dentro de um Estado Democrático de Direito — e a partir daí passaram a usar de medidas provisórias dia sim-dia não, como se assim fossem autorizados e legitimados, desvirtuando o art. 62 da Carta Magna;

2. Ou a situação é ainda mais grave do que imaginávamos e estamos todos vivendo no mais absoluto caos, pois nossos governantes teriam visto sempre, com suposta razão e precisão, fundamentos pertinentes a considerar todas as matérias já tratadas por medidas provisórias como de relevância à nossa sociedade e urgência ao nosso país.

A Separação dos Poderes encontra-se fortificada no art. 2º de nossa Lei Suprema e para funcionar adequadamente à busca de satisfação dos fundamentos de nosso Estado Democrático de Direito — art. 1º, Constituição Federal — e dos objetivos fundamentais da República Federativa do Brasil — art. 3º, Constituição Federal — é preciso não somente a delimitação de competências típicas e atípicas de cada Poder, mas também que cada Poder atue precipuamente na sua área quando outro estiver exercendo uma medida de contrapeso.

Ora, se o Poder Executivo está equivocadamente e, de forma desmedida, usurpando o papel de legislar, o Legislativo também precisa terminar de vez suas CPIs e começar a fazer leis!

E se o Executivo está, explicitamente, exagerando e forçando situações de relevância e urgência, muitas vezes inexistentes, para, assim, invadir a competência do Poder Legislativo, o Poder Judiciário precisa agir e verificar tais exageros que não se coadunam às disposições de nossa Carta Magna, guardando-a e respeitando-a!

Em suma, contrapesos não faltam ao modelo de Separação dos Poderes aplicado pelos administradores do Brasil, faltam sim os seus freios!

4.1.3. A lei mal-interpretada pode ocasionar equívocos embaraçantes... (parte II)

Como se dizia na primeira parte deste capítulo, o legislador se apercebeu do lamentável erro de se atribuir, ou tentar conferir à aposentadoria espontânea efeito que a mesma ainda não possuía, qual seja o de extinguir o contrato de trabalho antes mesmo de sua concessão.

De maneira precipitada, portanto, agiu o legislador por outras duas vezes seguidas após a primeira e recém mencionada atitude afoita:

1ª Precipitação pós-primeira precipitação: Primeiro pecou o legislador, na pessoa do Congresso Nacional, ao não adentrar com o devido vigor na celeuma acerca da constitucionalidade da Medida Provisória n. 1.596/97, cujos pressupostos constitucionais são, no mínimo, duvidosos.

2ª Precipitação pós-primeira precipitação: Para manter a analogia com termos religiosos, comete então o legislador o sacrilégio de converter em lei tal Medida Provisória para, assim, tentar "empurrar com a barriga" o problema e ao mesmo tempo "lavar as mãos" — como Pôncio Pilatos (personagem bíblico) — por um erro grosseiramente cometido.

O legislador, enfim, entendeu ser mais conveniente aos seus interesses manifestos pela Lei n. 6.204/75 que se acomodasse a equivocada interpretação acerca dos efeitos extintivos da aposentadoria espontânea no contrato de trabalho, estabelecendo um dispositivo que autorizasse expressamente a interpretação antes sem qualquer respaldo jurídico. Este dispositivo foi o § 2º do art. 453. Ao invés de retroceder na sua interpretação de 1975 e projetá-la à Carta Magna para atender à vontade constitucional de 1988, o legislador — antes sem qualquer embasamento legal para prever a aposentadoria espontânea como hipótese excepcional de extinção do contrato de trabalho — "bateu o pé" e criou a regra expressamente trazida pelo dispositivo alvo desta pesquisa científica.

Depois de muito trabalho, infelizmente mal feito, o legislador finalmente conseguiria desvirtuar a primeira vontade da lei em relação à simples proteção da relação de emprego. Primeiro o prejuízo à vontade da lei se fez de maneira absurda, haja vista a já demonstrada falta de fundamentação jurídica para ter-se visto na aposentadoria espontânea situação peculiar de obrigatória impossibilidade de continuação no emprego, notadamente, porque o benefício ainda não tinha condições de fulminar o contrato de trabalho o que só veio a acontecer de maneira expressa com o § 2º do art. 453 da CLT. E mais tarde, consubstanciou-se em lei uma Medida Provisória questionável quanto à sua validade formal e inconstitucional quanto ao seu aspecto material.

A vontade da lei pode agora, por nós juristas, ser novamente discutida frente à declaração de inconstitucionalidade do § 2º do art. 453 da CLT. Aproveitemos o momento para nos expressar com sabedoria e saibamos aproveitar a experiência adquirida com nossos acertos e erros passados, evitando futuros embaraços.

A vontade do empregador passará a ser, efetivamente, reconhecida, posto que decide, em qualquer fase do contrato de trabalho, se a relação mantida com seu empregado irá continuar ou não. Isto é, a relação de trabalho poderá permanecer a mesma com o advento do benefício da aposentadoria espontânea para o trabalhador, mas poderá, como sempre pôde, salvo nas hipóteses de estabilidade, ser também extinta, todavia, não por vontade da lei, mas tão somente do empregador ou do empregado. Logo, se da vontade expressa do empregador em pôr final à relação de emprego resultar uma despedida sem justa causa ou arbitrária, sua vontade não será nem poderá ser obstada pela vontade da lei (proteger a relação de emprego) ou do empregado (auferir benefício), mas esta vontade do empregador deverá submeter-se, outrossim, às consequências determinadas em lei para tais condutas indesejáveis à sociedade, culminando no pagamento da indenização de 40% sobre os depósitos na conta vinculada do FGTS, sobre todo o período trabalhado, isto é, antes e depois da aposentadoria espontânea, em favor do empregado, que exerceu o seu direito previdenciário e com a despedida arbitrária ou sem justa causa vê sua condição social agredida (art. 7º, inciso I, da CF).

A vontade do empregado em adquirir seu benefício previdenciário foi exercida. A vontade de parar de trabalhar para exercer tal benefício não mais será obrigatória e, menos ainda, automática para este trabalhador. Se sua vontade for a de findar o contrato de trabalho em razão de sua aposentadoria espontânea ter sido requerida não haverá problema algum a ser discutido. Como se tivesse ganhado na loteria, este trabalhador poderia usufruir de seu novo benefício sem receber qualquer multa de seu antigo empregador, afinal, não houve despedida sem justa causa ou arbitrária, mas simples exaurimento da vontade do trabalhador em permanecer no emprego. O mais comum, porém, será o aparecimento de muitos e muitos trabalhadores que não enxergam no benefício previdenciário a mesma loteria da sorte que outros poderão enxergar. Tais trabalhadores almejam aposentar-se sem largar os seus empregos. A vontade dos ainda empregados após o recebimento do benefício previdenciário pode ser resumida em três palavras: condição social digna.

5. *Alienados, desinformados ou ingênuos: em que grupo nos enquadraremos?*

Quando se inicia a tratar de qualquer assunto envolvendo opiniões, pensamentos e expectativas diferentes logo surgem diversos tipos de posicionamentos, comentários e questionamentos; uns infelizes, outros oportunos e cabíveis. Seja como for, de uma forma ou de outra, todos acabam dando o chamado "pitaco", mesmo que sem o menor embasamento jurídico ou sociológico, ou melhor, como já dissemos, simplesmente sem a devida vergonha.

Admitimos, supostamente, a participação de três tipos de pessoas na discussão em pauta, sem a menor pretensão de esgotar as categorias que certamente se multiplicarão sem que jamais possamos separá-las conforme a realidade e variedade opinativa do nosso intrigante e peculiar povo brasileiro. Imaginemos, portanto, a existência dos brasileiros alienados, dos apenas desinformados e dos cidadãos ingênuos.

Os integrantes do primeiro grupo são pessoas sem muita preocupação com os problemas da sociedade. Vivem tranquilos e felizes dentro de suas bolhas de ignorância. Tais sujeitos, frente à situação debatida neste trabalho, poderiam perguntar-se algo do tipo: Houve alterações na letra da CLT de 1943? Hum... e como será cantada a nova parte dessa letra de música antiga?

Os que compõem o segundo grupo são pessoas ativas da nossa sociedade, mas que, por falta de tempo ou de interesse específico, acabaram ficando por fora dos acontecimentos. Estes são os seres desinformados que, confrontados ao tema proposto, poderiam, naturalmente, questionar-se: quais foram tais modificações legais e o que mudará a partir delas? Se estivessem interagindo com maior disposição tais pessoas poderiam tirar as suas próprias conclusões fundamentadas acerca do assunto. Pretendemos auxiliá-las a tanto.

Os seres ingênuos, por fim, compreendem o nosso terceiro grupo de pessoas. Estas são pessoas que interagem sem medo, com foco no problema e convicção em seus ideais. Designados a resolver a problemática dos efeitos da aposentadoria espontânea no contrato de trabalho, indagar-se-iam os ingênuos: Se está tudo previsto na Constituição Federal e agora o Tribunal Pleno do STF demonstrou quais dispositivos não estavam sendo respeitados pelos parágrafos do art. 453 da CLT, por que tanta polêmica acerca dos direitos trabalhistas e previdenciários se de maneira alguma os mesmos se confundem? Estas pessoas são as que estão mais bem aparelhadas para fazer suposições honestas e, dentro do possível, satisfatórias, mesmo que sem um consenso entre os mesmos. Uns passarão a formular soluções que atendam mais aos interesses de alguns e outros na tentativa de elaborar teses que consigam albergar aos interesses de outros tantos, mas todos com um só propósito: legitimar suas ideias no nosso Estado Democrático de Direito.

Faremos este trabalho procurando demonstrar os posicionamentos adotados pelo grupo mais capacitado de nossa singela classificação — ingênuos — argumentando paralelamente, conforme a presente pesquisa se desenvolve para, ao final de cada postura apresentada, expormos de maneira objetiva e concisa o que entendemos estar certo e equivocado, sempre com fundamento nos nossos também ingênuos e, por vezes, "escanteados" princípios constitucionais.

Pensemos juridicamente ao longo deste trabalho científico, refletindo sempre com enfoque à nossa realidade social.

Oportunizaremos, assim, aos desinformados as informações necessárias ao entendimento de tão delicada questão para que possam participar ativamente das discussões sobre o assunto. Àquelas pessoas que se julgam entendedoras do assunto, o abordaremos com intuito de contribuir positivamente nos calorosos e acirrados debates que se insurgem com maior veemência a cada novo instante de instabilidade vivida. Pedimos vênia para não responder as perguntas dos alienados.

6. Caminho percorrido para o amadurecimento legal

Os efeitos que o benefício previdenciário proporcional voluntário inflige no contrato de trabalho têm sido, data vênia da posição de parte da doutrina, mal interpretados, precisamente, desde 8 de junho de 1973, quando a Lei n. 5.890, intensificando mudanças na legislação previdenciária acabou dispondo no seu art. 10, § 3º:

Lei n. 5.890/73

Art. 10, § 3º:

A aposentadoria por tempo de serviço será devida:

I. a partir da data do desligamento do empregado ou da cessação da atividade, quando requerida até 180 dias após o desligamento;

II. a partir da data da entrada do requerimento, quando solicitada após decorrido o prazo estipulado no item anterior.

A partir da publicação de tal regra é que brotou, na cabeça de alguns, a ideia da aposentadoria espontânea do trabalhador poder — não obstante o fato de possuir a qualidade indiscutível de ser benefício — eliminar um contrato de trabalho uno, contínuo e real.

Pela análise meticulosa da disposição legal referida, poderemos ver que o requerimento ao benefício previdenciário em tela fazia questão do prévio desligamento do empregado **para** que o mesmo pudesse auferir tal condição benéfica ao se aposentar. Em nenhum momento, porém, a norma fez menção à extinção automática do contrato de trabalho **pelo** requerimento do benefício, e sim **para** o requerimento do benefício. É bem diferente. Na primeira situação, deveríamos admitir que a aposentadoria espontânea, de fato, seria causa de extinção contratual, em que pese a difícil tarefa de explicarmos, à compreensão dos trabalhadores, os motivos de um benefício, por vezes, acabar por lhes fazer um mal. Na segunda hipótese — a qual confia nosso estudo — a aposentadoria espontânea é claramente compreendida pelos trabalhadores interessados e ingênuos. Aquilo que é benefício continua benefício, é muito simples.

O que a lei exigiu foi a saída espontânea do trabalhador de seu emprego para, somente nessa condição de desempregado, poder requerer o benefício proporcional ao qual já preenchia todos os requisitos para receber, menos dois: a saída voluntária do emprego e o pedido voluntário do benefício previdenciário. Portanto, não era o término do contrato de trabalho que advinha da ocorrência de aposentadoria espontânea, mas esta sim é que, para poder ocorrer — e antes ainda poder ser requerida pelo empregado —, necessitava do prévio desligamento voluntário do obreiro.

Durante a vigência da Lei n. 5.890/73 — quando o desligamento espontâneo do emprego precisava ocorrer antes do requerimento espontâneo pelo benefício — o legislador acrescentou à redação do art. 453 da CLT, por meio da Lei n. 6.204 de 29 de abril de 1975, a expressão "se aposentado espontaneamente". Esta introdução teve o manifesto objetivo de não permitir a contagem do tempo de serviço trabalhado antes da concessão da aposentadoria espontânea. Nada mais do que isto diz o *caput* do art. 453, desde então.

Como a aposentadoria espontânea só podia ser requerida após o desligamento voluntário do empregado, esta saída espontânea, anterior e motivada pela possibilidade de solicitação de aposentadoria espontânea, não obrigava o empregador ao pagamento de indenização por despedida, afinal, o ato de saída do trabalhador para auferir o benefício equivaleria a um pedido de demissão. Observe-se, porém, que a aposentadoria não extinguiria contrato algum, pois, este era rescindido pela prévia e própria vontade do empregado para poder requerer o benefício que ainda não possuía, pois faltava--lhe o desligamento do emprego.

Quando se percebeu que os trabalhadores estavam voltando, ou mesmo continuando, nos mesmos serviços que prestavam antes de terminarem os seus primeiros contratos, — para melhorarem sua condição econômica e social — resolveu--se afirmar, erroneamente, que o primeiro contrato não poderia contar a favor do empregado porque aquele já estaria extinto pela concessão da aposentadoria espontânea, o que não sucedia em realidade. Ocorre que a Lei n. 5.890/73 apenas previa uma condição para o benefício proporcional previdenciário poder ser requerido pelo trabalhador, qual seja o desligamento do emprego e requerimento em 180 dias, ou o simples requerimento após os 180 dias do desligamento. Nada mais do que isto informava o art. 10, § 3º, dessa Lei n. 5.890/73.

A mudança do dispositivo consolidado, portanto, foi somente no sentido de abrir nova exceção para a não contagem do tempo de serviço prestado antes da aposentadoria espontânea, como já ocorria para os casos de despedidas por justa causa e com o recebimento de indenizações legais. O art. 453 da CLT, em suma, cuida apenas da readmissão e dos seus efeitos no contrato de trabalho, não atribuindo ao benefício previdenciário o condão de extinguir o vínculo empregatício.

Em 1970, o TST publicou o seu Enunciado n. 21, dispondo que o empregado aposentado possuía o direito de computar o tempo de serviço anterior à aposentadoria se permanecesse no emprego ou a ele retornasse. O novo art. 453 da CLT, após a Lei n. 6.204/75, nitidamente batia de frente com tal enunciado trabalhista. Tanto foi que em 1994 o enunciado em foco foi cancelado. Em 1980, modificou-se a Lei n. 3.807 de 28 de agosto de 1960 pela Lei n. 6.887. O primeiro artigo deste diploma legal determinava que o art. 5º, §3º, da Lei n. 3.807/60, autorizaria expressamente a continuidade no emprego ou a volta a este após a aposentadoria. Em seguida, no segundo artigo determinou o art. 10, § 3º, da Lei n. 5.890/73 :

Lei n. 5.890/73

Art. 10, § 3º A aposentadoria por tempo de serviço será devida a partir da data da entrada do requerimento.

Esta redação retirou um requisito para o requerimento da aposentadoria espontânea, deixando claro que o desligamento do emprego não mais seria condição para tanto.

Todavia, a celeuma sobre a extinção ou não do contrato de trabalho continuava em razão de confusão feita pela má interpretação do art. 453 consolidado. As discussões, entretanto, não foram suficientes para mudar os argumentos daqueles que detinham o poder e viam na aposentadoria espontânea uma causa de extinção contratual sem indenização devida.

Veio, outrossim, a Lei n. 6.950 aos 4 de abril de 1981 para exigir novamente a comprovação do desligamento do empregado para poder requerer o benefício previdenciário. Nessa situação voltou-se à estaca zero, mas celeumas à parte, pelo exposto, a aposentadoria espontânea não possuía o condão de extinguir o contrato de trabalho. Somente se fazia necessário o prévio desligamento do emprego para a possibilidade de requerimento do benefício ser satisfatória, conforme a Lei n. 6.950/81, e o tempo de serviço anterior à aposentadoria espontânea não contava a favor do empregado, conforme a então recente disposição do art. 453 da CLT, em contradição ao Enunciado n. 138 do TST, *in verbis*:

> TST Enunciado n. 138 — RA n. 102/1982, DJ 11.10.1982 e DJ 15.10.1982 — Ex-Prejulgado n. 9
>
> Em caso de readmissão, conta-se a favor do empregado o período de serviço anterior encerrado com a saída espontânea.

Perceba-se que a saída do trabalhador que buscava o benefício previdenciário também era espontânea, como a que se refere o enunciado *supra*, mas o tempo de serviço não poderia ser contado em razão da previsão do art. 453 da CLT.

Dez anos depois da Lei n. 6.950/81, veio a Lei n. 8.213 aos 24 de julho de 1991, dispondo que a data do início da aposentadoria proporcional por tempo de serviço se daria da mesma forma que a por idade, de acordo com o art. 54:

> **Art. 54**. A data do início da aposentadoria por tempo de serviço será fixada da mesma forma que a da aposentadoria por idade, conforme o disposto no art. 49.
>
> **Art. 49**. A aposentadoria por idade será devida:
>
> I. ao segurado empregado, inclusive o doméstico, a partir:
>
> a. da data do desligamento do emprego, quando requerida até esta data ou até 90 dias depois dela; ou
>
> b. da data do requerimento, quando não houver desligamento do emprego ou quando for requerida após o prazo previsto na alínea *a*.

Portanto, *data venia* ao peso da digníssima posição do professor *Arion Sayão Romita* (*LTr* 60-08/1051), entendemos que o contrato de trabalho pela Lei n. 8.213/91 simplesmente *não mais precisaria ser extinto para a possibilidade de requerimento do benefício previdenciário poder ser satisfatória, o que não equivale a dizer que a aposentadoria espontânea não mais extinguiria o contrato como sempre fez.*

Destaca em artigo o professor *Arion Sayão Romita*: "aposentadoria deixou de constituir causa de extinção do contrato de trabalho (como sempre foi considerada, salvo no interregno correspondente à vigência da Lei n. 6.887/80)".

Passam-se seis anos da publicação da Lei n. 8.213/91, que não mais exige o desligamento do empregado para o requerimento ao benefício ser possível, e uma medida provisória consolida, em fundamentação de relevância e urgência, o entendimento de que a aposentadoria espontânea extinguiria sim o vínculo de emprego.

A Medida Provisória n. 1.596-14 de 1997, transformada em Lei n. 9.528 de 1997, introduziu o dispositivo constante no título deste ensaio, qual seja o § 2º do art. 453 da CLT. Até então, defendemos que a aposentadoria espontânea nunca teve a capacidade de extinguir o vínculo de emprego de ninguém, pois, quando era requerida — aí sim, salvo no interregno da Lei n. 6.887/80 — já não haveria mais vínculo a ser extinto dada a necessidade de extinção prévia do contrato para tal requerimento ser possível. Somente, portanto, a partir de 1997 é que a aposentadoria espontânea passou a extinguir contratos de trabalho como condição legal claramente inconstitucional e antinatural, pois a relação de emprego notadamente não se confunde com a relação do segurado com o INSS.

A ADI n. 1.721 foi interposta por partidos políticos, autorizados pela Constituição para tanto, culminando com a expulsão de qualquer interpretação jurídica que entenda a aposentadoria espontânea como causa legal de extinção do contrato de trabalho.

Voltamos ao início, mas com uma grande diferença: a Lei n. 8.213/91 não exige o desligamento do emprego — como fazia a Lei n. 5.890/73 — reconhecendo, conforme a Lei n. 8.870/94, a permanência no emprego após a aposentadoria espontânea, que se dará durante o único, contínuo e real contrato de trabalho.

O caminho foi percorrido, agora esperemos pelo amadurecimento.

7. OJ n. 177 do TST: seu nascimento, suas ações em vida e seus efeitos após a morte

Apresentamos *supra* a evolução histórica da matéria previdenciária para podermos entender agora os motivos da edição de uma Orientação Jurisprudencial do TST a cuidar da influência da aposentadoria espontânea no contrato de trabalho.

Buscando pacificar a jurisprudência, o TST editou referida orientação. Os Magistrados trabalhistas se viam desnorteados frente ao complicado conflito de princípios trabalhistas, normas celetistas, regras previdenciárias e artigos da Constituição Federal de 1988. Assim nascia a OJ n. 177 do TST no ano 2000, mesmo já tendo sido deferida a cautelar na ADI 1721.

7.1. Nascimento da OJ n. 177: culpado ou inocente?

A Orientação Jurisprudencial n. 177 do Tribunal Superior do Trabalho nasceu admitindo a morte do pacto firmado entre as partes de um contrato de trabalho quando, no seu interregno, a parte mais fraca — trabalhador — se aposentasse espontaneamente. Com efeito, o momento, teoricamente festivo, que marcaria o nascimento de um benefício a poder ser exercitado pelo empregado, era o mesmo em que se sepultava tristonhamente o "idoso contrato de trabalho" deste antigo trabalhador. Ou seja, a partir do nascimento da OJ n. 177, reconheceu-se expressamente também na jurisprudência que o nascimento de um benefício passaria a determinar a morte do contrato de trabalho. Pode-se dizer, metaforicamente, que a OJ n. 177 acabou por se tornar a mais estranha certidão de óbito da face da Terra.

Mencionamos o nascimento do benefício previdenciário para o trabalhador e o nascimento da OJ n. 177 pela qual seria afirmada a principal consequência da aposentadoria espontânea até então, qual seja a do enfraquecimento do contrato de trabalho que acabava não resistindo e falecendo de forma impotente à determinação legal dada pelo § 2º do art. 453 da CLT.

À OJ n. 177, porém, não se deve atribuir a morte de ninguém, pelo menos por enquanto, afinal, trata-se apenas de um reconhecimento infeliz. O nascimento macabro — a ponto de causar a morte do velho contrato de trabalho do empregado aposentado voluntariamente — era o exercício do próprio benefício previdenciário — real culpado por sua morte — e não daquela singela certidão de óbito, ou melhor, orientação jurisprudencial fundamentada no dispositivo impugnado pela ADI n. 1.721.

Pode-se até questionar o significado axiológico de benefício, mas o fato é que ele ao nascer, de certa forma, assassinava sem qualquer piedade o indefeso e ancião contrato de trabalho, extinguindo o vínculo conforme dispunha o § 2º do art. 453 da CLT.

Poder-se-ia dizer agora que a OJ n. 177, em metáfora, não só foi a mais estranha certidão de óbito do mundo, mas também a mais complexa certidão de nascimento. Com o nascimento da OJ n. 177, passou-se a visualizar a relação de emprego mantida após a aposentadoria de maneira diferente. Outrossim, viria ao mundo um outro contrato de trabalho, diferente, posterior e novo em relação ao antigo e primeiro contrato, que jaz falecido pelo advento do nascimento do benefício previdenciário do trabalhador e de seu novo contrato — todos (nascimento e morte) reconhecidos pela OJ n. 177.

Os nascimentos são momentos belos por natureza. A própria mãe natureza se renova com o nascimento de seus novos componentes e partes integrantes. As dificuldades à criação, igualmente, não são poucas. Talvez por isso sejam tão complexas as relações humanas, repletas de situações originárias e sem precedentes. Os nascimentos que ora analisamos geram, entretanto, sentimentos opostos nos trabalhadores, certamente, tornando-os confusos e inseguros quanto aos seus direitos, notadamente, em virtude de seus antagônicos efeitos.

É realmente curioso o tumulto que o nascimento do ainda pequenino benefício proporcional previdenciário causava nas relações humanas de emprego. À primeira vista, o nascimento de algo chamado benefício deveria causar emoções naturais de intensa felicidade no beneficiado. Tal euforia, porém, durava pouco, pois o nascimento do "bebê" benefício importava no concomitante nascimento do "bebê" novo contrato. Este último nascimento não havia sido previsto pelo trabalhador que, como uma mãe adolescente, — ainda sofrendo com a perda de seu antigo e querido contrato — fora pego de surpresa com o surgimento do novo pacto.

O singelo nascimento de um direito previdenciário, em tese, benéfico ao trabalhador, impiedosamente e de maneira melancólica, passou a significar motivo suficiente para mandar o antigo contrato direto para o mundo do além, retirando-lhe vigência e eficácia o que, para um contrato, vem a corresponder à própria vida.

Podemos explicar analogicamente dizendo que o nascimento da OJ n. 177, portanto, não deveria ser enquadrado, num julgamento hipotético, no tipo previsto no art. 121 do Código Penal, afinal, não matou, e sim reconheceu, em sua primeira oração, a morte do antigo contrato de trabalho e o concomitante nascimento de um novo contrato, tudo isso porque antes nascera o benefício previdenciário para o trabalhador — único agente do crime contra a vida do antigo contrato de trabalho.

A segunda oração da OJ n. 177, entretanto, possivelmente a complicaria frente aos tribunais ora imaginados, pois, demonstra-se a clara iniciativa dos atos de execução de homicídio a um direito constitucional, não consumada tal iniciativa somente por circunstâncias alheias à sua vontade, o que, pela previsão do art. 14, II, do referido diploma legal, constitui tentativa.

> **OJ n. 177 SDI-1**: A aposentadoria espontânea extingue o contrato de trabalho, mesmo quando o empregado continua a trabalhar na empresa após a concessão do benefício previdenciário. Assim sendo, indevida a multa de 40% do FGTS em relação ao período anterior à aposentadoria.

O direito constitucional desrespeitado e agredido pelo nascimento da OJ n. 177 está previsto no art. 7º, inciso I, da Constituição Federal, consubstanciando a proteção à relação de emprego que nosso Estado Democrático de Direito almeja consolidar. Se o nascimento da OJ n. 177 importou em tentativa de homicídio a um direito constitucional, tal situação deve ser condenada pela sociedade e, constatando-se que tudo não passou de tentativa, poderemos ver que a proteção à relação de emprego foi sim duramente atingida e lesada, mas sobreviveu e deverá passar a ser respeitada.

Tal orientação jurisprudencial intrigante já foi cancelada, ou melhor, para manter nossos termos, morta pelo próprio TST. E sua morte não foi imotivada, pois ocorreu logo em seguida à declaração de inconstitucionalidade do § 2º do art. 453 da CLT.

Passemos, outrossim, a refletir acerca das consequências da morte da OJ n. 177 e seus possíveis e prováveis efeitos à aposentadoria espontânea do empregado que continua a trabalhar após o nascimento do benefício.

7.2. Condenação: pena de morte à OJ n. 177 do TST

Como se fizesse parte do filme *De Volta Para o Futuro*, o trabalhador ao se aposentar espontaneamente se tornaria outra vez o mais novo empregado da empresa, apesar de ser ainda um dos seus mais antigos funcionários. Notoriamente bizarra a situação apresentada, mas um novo contrato advinha da aposentadoria espontânea, conforme dispunha a OJ n. 177.

O trabalhador se aposentava voluntariamente e tinha o seu primeiro contrato de trabalho terminado, extinto, fulminado. A partir daí, se o empregado aposentado por vontade própria — por tempo de serviço — continuasse trabalhando, ocorreria o nascimento de um novo contrato de trabalho, iniciando a produzir efeitos somente após a sua aposentadoria espontânea.

A explicação pode não ser ainda suficientemente clara para uma visualização contextualizada. Pela interpretação dada a partir da OJ n. 177 do TST o trabalhador aposentado espontaneamente, que seguisse trabalhando para a empresa após a opção pelo benefício, quando despedido — sem justa causa ou por arbitrariedade do empregador — teria sua relação de emprego tutelada pela Constituição nos arts. 7º, I e 10, do ADCT. O que foi recém dito não mudou seja por nascimento, seja por morte de benefício previdenciário, contrato de trabalho ou Orientação Jurisprudencial n. 177. Todavia, antes da morte da OJ n. 177 estaria sendo protegida, nos termos da Constituição Federal, tão somente aquela relação inaugurada posteriormente à aposentadoria do empregado, porque a sua primeira relação de emprego com a empresa já estaria extinta pela suposta vontade do empregado ao se aposentar por tempo de serviço.

A OJ n. 177 foi publicada aos 8 de novembro de 2000, consolidando a jurisprudência neste sentido, qual seja a de que pela interpretação do art. 453 da CLT e seus parágrafos o vínculo de emprego terminava com a aposentadoria espontânea do trabalhador, protegendo-se, nos termos dos arts. 7º, inciso I, da Constituição Federal e 10 do ADCT apenas a relação empregatícia posterior à aposentadoria voluntária.

Aos 25 de outubro de 2006, porém, reuniu-se o Pleno do Tribunal Superior do Trabalho para analisar a OJ n. 177 e decidir o seu futuro àquela época. Com a impugnação e posterior declaração de inconstitucionalidade dos parágrafos do art. 453 celetista, criou-se polêmica dentre os juristas trabalhistas acerca de sua manutenção ou cancelamento frente ao julgamento das ADIs ns. 1.770 e 1.721, pois, tal orientação jurisprudencial fundamentava-se na redação de tais parágrafos, notadamente, na do § 2º.

Lembramos que por este entendimento o TST não admitia a concessão da multa de 40% sobre o saldo do FGTS em favor do trabalhador que se aposentasse espontaneamente referente ao período anterior à aposentadoria, mesmo que a sua saída posterior ao jubilo tenha se dado por despedida arbitrária ou sem justa causa.

Mas isso tudo não será injusto? Quais as razões de tal entendimento? E mais, com respaldo em que legislação ou princípio se fundamenta a teoria da extinção contratual pela aposentadoria espontânea? Quanto mais agora que o § 2º do art. 453 da CLT foi declarado inconstitucional?

Estas foram e ainda são perguntas de parte dos cidadãos brasileiros que, de maneira ingênua, mas extremamente precisa, analisaram as disposições de nossa Carta Magna com maior disposição.

A ingenuidade, quando dotada de boa vontade, bom caráter, conhecimento técnico e, acima de tudo, de absoluto bom senso, de maneira alguma corresponde a um defeito ou problema. Muito pelo contrário! É de cidadãos ingênuos assim que precisamos para escapar de uma cadeia de iniquidades não sanadas e cada vez mais "normais".

Muitos de nossos ingênuos, portanto, passaram a ver na OJ n. 177 do TST clara afronta aos princípios constitucionais relativos à proteção, à garantia, e à percepção dos benefícios previdenciários e verbas rescisórias trabalhistas, tais como a indenização de 40% sobre o saldo do FGTS que, para estes, é devida sobre todo o período trabalhado, seja antes ou depois da aposentadoria espontânea. Tal posicionamento ganhou força e credibilidade com a declaração de inconstitucionalidade do § 2º do art. 453 da CLT, mas não chegou a uniformizar as opiniões que se dividiram após a ADI n. 1.721.

O grupo dos ingênuos separou-se em dois. A maioria no sentido recém-exposto e o restante ainda entendendo que só seria devida a indenização de 40% sobre o saldo do FGTS posterior à aposentadoria voluntária, pois, a finalidade do FGTS e da multa compensatória seria apenas prover o trabalhador de recursos financeiros suficientes à busca de um novo emprego. Podem, outrossim, não ter tido a mesma impressão acerca da postura da OJ n. 177 quando de seu nascimento e morte mas, certamente, todos os ingênuos cidadãos brasileiros estarão dispostos ao franco debate em que as conclusões melhor fundamentadas tenderão a prevalecer.

Separemos os posicionamentos daqueles que, de maneira ingênua e honesta, divergem acerca dos efeitos do cancelamento da OJ n. 177 do TST:

1. Ingênuos entendendo que a finalidade tanto do FGTS quanto da indenização de 40%, devida ao final do contrato de trabalho por despedida sem justa causa ou arbitrária, é garantir ao empregado meios suficientes à subsistência digna enquanto procura um novo emprego, razão pela qual entendem que a concessão da multa sobre todo o período trabalhado estaria desvirtuando tal finalidade, caracterizando--se em enriquecimento sem causa a favor do trabalhador.

2. Ingênuos que compreendem as declarações de inconstitucionalidade como novo modo de visão constitucional da matéria referente à aposentadoria voluntária e efeitos no contrato de trabalho. Tais pessoas entendem que se o contrato é uno — e não há mais nada a se falar em contrário — não há razão para negar-se ao trabalhador um direito social constitucional previsto provisoriamente, mas com eficácia imediata até a elaboração da lei complementar mencionada no art. 7º, inciso I, da Lei Maior.

O STF determinou que as lides passassem a ser julgadas considerando-se a unicidade contratual, isto é, a não extinção do contrato quando o empregado se aposentar e seguir trabalhando. Da mesma forma, nossos Ministros do TST se dividiram entre: aqueles que consideram o contrato uno e entenderam ser isto o bastante para o trabalhador auferir os 40% do FGTS sobre todo o contrato uno; e aqueles que, mesmo forçados a reconhecer a unicidade contratual por determinação *erga omnes* do STF, visualizam clara modificação da relação jurídica de labor do empregado após o jubilo, não sendo, portanto, devida a multa de 40% do FGTS sobre todo o período, mas apenas em relação à segunda relação, sob pena de desvirtuar-se a finalidade do FGTS e de sua multa.

Afeiçoamo-nos à corrente majoritária, entendendo ser devida a multa de 40% sobre todos os depósitos do contrato de trabalho uno e terminado sem justa causa, mas não deixamos de reconhecer alguns traços de extrema valia trazidos ao debate pela segunda corrente ao analisar esta problemática instigante.

Demonstraremos os principais argumentos contrários ao nosso posicionamento para, em seguida, enfrentá-los.

Argumento I. O benefício será sempre do empregado diante da aposentadoria espontânea, pois, entendendo-se que a indenização de 40% será devida sobre todo o contrato de trabalho o empregado irá sempre se beneficiar de tal situação, acarretando grave ônus ao empregador que sempre cumpriu com as suas obrigações de depósito do FGTS corretamente.

Contra-argumento: O benefício só pode ser do empregado quando se aposenta espontaneamente com o fim de melhorar a sua condição social! É natural ser bom tudo aquilo que se diz benéfico. Benefício ruim é algo ilógico ou insensato. A intenção do ordenamento jurídico pátrio é de consolidação da igualdade material, igualando desiguais na medida em que se desigualam, como ensinava Rui Barbosa, para somente desta forma alcançar aos desígnios da Carta Magna e do próprio Direito do Trabalho: melhorar a condição social do trabalhador.

Argumento II. Os empregados e os empregadores não mais se falariam depois da aposentadoria voluntária. Isto porque ambos teriam medo de falar. O empregado ficaria inerte, querendo ser despedido sem justa causa após a aposentadoria. Se o empregado comunicar sua aposentadoria ao empregador este poderá entender que estaria terminando o contrato de trabalho por vontade própria, o que equivaleria a um pedido de demissão, não fazendo mais jus à indenização por despedida sem justa causa ou arbitrária. Por outro lado, o empregador também não falará nada porque qualquer comunicado poderia ensejar uma despedida arbitrária e, assim, faria jus o empregado ao recebimento da indenização de 40 % sobre todo o período trabalhado, o que acarretaria ônus maior ao empregador do que manter o empregado na empresa até a sua morte. Desta forma se estaria prejudicando a produtividade da empresa que se veria obrigada a manter um empregado já sem as mesmas condições físicas e mentais para o trabalho e também privando os jovens de ingressarem no mercado de trabalho que ficaria estagnado.

Contra-argumento: O empregador encontra-se em situação econômica privilegiada diante do empregado, não podendo escusar-se do pagamento de direitos trabalhistas do seu empregado em virtude do exercício regular de um direito constitucional, que nada tem a ver com a relação jurídica de emprego mantida entre ambos. A relação do segurado com o INSS tem o condão de ser um benefício que irá se somar a todos os outros que estiverem previstos em lei, atendendo, assim, aos anseios constitucionais e aos princípios trabalhistas. De igual modo, não se pode falar que também não seja do interesse do empregador manter um profissional experiente e, muitas vezes, mais qualificado que aqueles que buscam uma primeira oportunidade. De fato, o que mais chama a atenção nos currículos para as seleções de emprego consiste na experiência adquirida, o que tais profissionais aposentados trabalhando naquela área certamente possuem. De outro lado, se o mercado de trabalho restará estagnado não será somente porque os trabalhadores aposentados estarão usufruindo de seus direitos constitucionais e trabalhistas, mas sim porque falta investimento em infraestrutura capaz de gerar os empregos à nossa fragilizada sociedade. Não podemos excluir alguns com a desculpa esfarrapada de incluir outros, pelo menos, não com apoio de um Estado que se diz Democrático e de Direito. Quem sabe um dia as coisas mudam e os proventos de uma aposentadoria sejam suficientes para garantir a vida digna de que trata o art. 1º da Constituição Federal, para que, assim, nossos aposentados possam sair do chão de tanta alegria por, efetivamente, assegurarem o descanso digno que tanto merecem.

Argumento III. A Quarta Turma do TST se posiciona da seguinte forma:

"PROCESSO: AIRR — 2533/2002-015-02-40

PUBLICAÇÃO: DJ 29.6.2007

AGRAVO DE INSTRUMENTO. SUMARÍSSIMO. APOSENTADORIA. FGTS. MULTA 40%. Mesmo considerando como premissa a tese da não extinção do contrato de trabalho pela aposentadoria espontânea, tal como determinado pelo Supremo Tribunal Federal ao dar provimento ao recurso extraordinário, ainda assim, não se vê vilipendiado, no caso, o art. 7º, I, da Carta Republicana, na medida em que a necessidade de correspondente indenização pela dispensa imotivada a que se refere o supracitado artigo, depende da análise de normas infraconstitucionais que a disciplinam. Agravo de instrumento não provido. Vistos, relatados e discutidos estes autos de Agravo de Instrumento em Recurso de Revista n. TST-AIRR-2533/2002-015-02-40.9, em que é Agravante GERALDA NELZIRA DE ARAÚJO RAHAL e Agravado SERVIÇO SOCIAL DA INDÚSTRIA SESI. Trata-se de agravo de instrumento já apreciado por esta Egrégia Quarta Turma pelo Acórdão de fls. 90/93, através do qual adotou-se a tese de que o recurso de revista não se credenciava ao conhecimento porque, tratando-se de processo que tramita pelo rito sumaríssimo, não se permite a aferição de violações infraconstitucionais ou dissenso pretoriano. Deliberou--se, ainda, por afastar a alegada violação direta ao art. 7º, I, da Carta Republicana, ao fundamento de que referido dispositivo não versa especificamente acerca da questão relativa ao direito à multa de 40% sobre os depósitos do fundo de garantia nos casos em que a extinção do contrato de trabalho ocorreu por ocasião da aposentadoria espontânea (fl. 93). Inconformada, a reclamante recorreu extraordinariamente (fls. 115/132) tendo, o Supremo Tribunal Federal, pelo Voto de fls. 154/155 dado provimento ao apelo, a fim de afastar a interpretação dada ao art. 453 da CLT no sentido de que a aposentadoria espontânea necessariamente extingue o contrato de trabalho e determinar o retorno dos autos ao Tribunal Superior do Trabalho, onde deverá ter prosseguimento o julgamento do recurso (fl. 155). É o relatório.

VOTO

Trata-se de agravo de instrumento já apreciado por esta Egrégia Quarta Turma pelo Acórdão de fls. 90/93, através do qual adotou-se a tese de que o recurso de revista não se credenciava ao conhecimento porque tratando-se de processo que tramita pelo rito sumaríssimo, não se permite a aferição de violações infraconstitucionais ou dissenso pretoriano. Deliberou-se, ainda, por afastar a alegada violação direta ao art. 7º, I da Carta Republicana, ao fundamento de que referido dispositivo não versa especificamente acerca da questão relativa ao direito à multa de 40% sobre os depósitos do fundo de garantia nos casos em que a extinção do contrato de trabalho ocorreu por ocasião da aposentadoria espontânea (fl. 93). Inconformada, a reclamante recorreu extraordinariamente (fls. 115/132)

tendo, o Supremo Tribunal Federal, pelo Voto de fls. 154/155 dado provimento ao apelo, a fim de afastar a interpretação dada ao art. 453 da CLT, no sentido de que a aposentadoria espontânea necessariamente extingue o contrato de trabalho e determinar o retorno dos autos ao Tribunal Superior do Trabalho, onde deverá ter prosseguimento o julgamento do recurso (fl.155). Dando cumprimento a tal decisão e, reiterando o registro já feito, no sentido de que apresentam-se inócuas as arguições de violações a normas infraconstitucionais citadas no apelo como fundamentos aptos a impulsionar o apelo, concluo que, mesmo considerando como premissa a tese da não extinção do contrato de trabalho pela aposentadoria espontânea, ainda assim, não se vê vilipendiado, no caso, o art. 7º, I, da Carta Republicana. De fato, a tese de a aposentadoria espontânea implicar ou não na extinção do contrato de trabalho não permite concluir por vulneração literal a tal dispositivo constitucional, na medida em que a necessidade de correspondente indenização pela dispensa imotivada depende da análise de normas infraconstitucionais que disciplinam os efeitos da aposentadoria mesmo quando se verifica a continuidade do contrato, de forma que, somente após caracterizada esta última, poder-se-ia, indireta e reflexivamente, concluir que aquela igualmente foi desrespeitada. E assim o é porque são as normas infraconstitucionais que viabilizam o preceito constitucional, emprestando--lhe efetiva operatividade no mundo jurídico. Logo, ante o rigor legal expresso no § 6º do art. 896 da CLT, não poderia ser enfrentada pela via do recurso de revista. De qualquer modo, valendo-me dos ensinamentos do Ministro Yves Gandra Martins Filho, nos autos do processo n. TST-RR-1003/2000-006-05-00.2 cumpre-me registrar que: É relevante destacar, de plano, o cancelamento da Orientação Jurisprudencial n. 177 da SBDI-1 do TST pelo Tribunal Pleno em 25.10.06, em razão do julgamento das ADINs ns. 1.721/DF e 1.770/DF pelo STF que concluiu pela inconstitucionalidade dos §§ 1º e 2º do art. 453 da CLT, cujos conteúdos eram os da exigência de novo concurso público para readmissão no emprego após a aposentadoria espontânea e de previsão de extinção do vínculo empregatício pela concessão desse tipo de jubilação. Nessa linha, a excelsa Corte reconheceu a impossibilidade de previsão por lei ordinária de modalidade de extinção do contrato de trabalho sem justa causa, sem a correspondente indenização. Cristalizou, pois, alfim da longa polêmica em derredor do tema, a não extinção do contrato de trabalho pela aposentadoria espontânea. No tocante aos efeitos dessa não extinção, uma vez cancelada a mencionada OJ, que assentada a extinção do pacto laboral pela aposentadoria espontânea e a não incidência da multa de 40% sobre os depósitos do FGTS do período anterior à jubilação, resta ao TST, segundo o julgamento dos seus órgãos fracionários, delinear qual a extensão dos efeitos da aposentadoria em relação à mencionada parcela indenizatória. Tanto o FGTS quanto a indenização têm por finalidade prover o trabalhador desempregado de fundos para que enfrente o período da inatividade, ocasionado pela inesperada dispensa, até que obtenha nova colocação e volte a auferir rendimentos. Para reforçar a finalidade do Fundo, num contexto de rejeição à estabilidade, a atual Constituição Federal elevou para 40% a multa adicional ao levantamento dos depósitos do FGTS em caso de dispensa imotivada, dada a inequivalência econômica que sempre existira entre o valor global dos depósitos e a indenização que o empregado teria se fosse estável. Ora, quando a Lei n. 8.213/91 admitiu a jubilação sem afastamento do emprego e o Supremo Tribunal Federal considerou que a aposentadoria não impede a continuidade no emprego público, nem desfaz o vínculo, não quiseram, com isso, dizer que a situação do empregado continua a mesma. Começa efetivamente a fluir novo tempo de serviço para o empregado, para efeitos previdenciários, a par de que sua situação econômica se transforma, por contar com fonte suplementar de renda. Assim, as condições do empregado jubilado que permanece no emprego e é posteriormente dispensado sem justa causa, são distintas daquelas do empregado não aposentado que é despedido imotivadamente. Se o tempo de serviço anterior à jubilação não conta para novo benefício previdenciário, também não pode contar para efeito da incidência da multa de 40% sobre o valor dos depósitos. Portanto, a conclusão a que se chega é a de que o empregado aposentado voluntariamente, que permanece no emprego, não tem direito à multa de 40% sobre o valor dos depósitos do FGTS em relação ao período anterior à jubilação, quando posteriormente despedido por justa causa, uma vez que já conta com fonte de renda para fazer frente à inatividade. Solução diversa importaria em desvirtuar a finalidade pela qual o FGTS e sua suplementação foram instituídos, que é o provimento de recursos financeiros para o período da inatividade do trabalhador, até obter nova colocação. Ademais, o STF já deixou claro que, no julgamento das supramencionadas ADINs, que não se contestou, nem se retirou do mundo jurídico o *caput* do art. 453 da CLT, que reconhece a separação de períodos contratuais no caso de aposentadoria espontânea (Cf. STF Rcl-4.763/SC, Rel. Min. Sepúlveda Pertence, decisão monocrática, DJ de 14.11.06). Logo, considerando a premissa delineada pelo Supremo Tribunal Federal sentido de que a aposentadoria espontânea necessariamente extingue o contrato de trabalho e, considerando, ainda, que não se vê diretamente vilipendiado o art. 7º, I da Carta Republicana e, considerando, por fim que trata-se de processo que tramita pelo rito sumaríssimo, de se concluir que o recurso de revista não se credenciava ao conhecimento. NEGO PROVIMENTO ao agravo de instrumento. ISTO POSTO ACORDAM os Ministros da Quarta Turma do Tribunal Superior do Trabalho, por unanimidade, negar provimento ao agravo de instrumento. Brasília, 13 de junho de 2007."

JUÍZA CONVOCADA MARIA DORALICE NOVAES

Contra-argumento: A finalidade do FGTS deve ser considerada, mas não como condição para o pagamento da indenização de 40% que possui finalidade própria. Esta multa tem caráter indenizatório face à despedida arbitrária ou sem justa causa, nos termos dos arts. 482 e 165 da CLT. Tal indenização é devida pelos empregadores que agirem contra a manutenção da relação de emprego enquanto não for editada a Lei Complementar referida no art. 7º, inciso I, da Constituição

Federal. Tal Lei Complementar, por sua vez, irá abolir a indenização de 40% sobre a conta vinculada referente ao FGTS do trabalhador, dispondo como passará a ser protegida a relação de emprego. Esta é a finalidade da indenização: proteção provisória da relação de emprego. Este é o objetivo do inciso I do art. 7º: proteger a relação de emprego. Esta será a vontade da Lei Complementar tão aguardada pelos trabalhadores brasileiros: proteger a relação de emprego. Por ora nos resta esperar, mas não sofrendo pela falta de previsão específica quanto à proteção da relação de emprego que a Carta Magna busca consolidar. Esta é a função ou finalidade precípua do ADCT: regular as disposições transitórias, isto é, prescrever como ficarão solucionadas as modificações advindas com a promulgação de nossa atual Lei Maior. É isto que faz o art. 10 do ADTC: descreve uma situação provisória para não deixar o texto constitucional sem eficácia até a promulgação de uma Lei Complementar especificamente tratando da matéria já tutelada.

Se o contrato é uno — e de fato é — não há qualquer cabimento em se falar de períodos contratuais distintos antes e depois do jubilamento espontâneo. A aposentadoria corresponde a uma das hipóteses em que o trabalhador pode usar os valores depositados em sua conta vinculada referente aos depósitos mensalmente efetuados por seu empregador a título de FGTS. Dizer isto é o mesmo que não dizer nada quando falamos de contrato de trabalho. O contrato é uma coisa e a aposentadoria e consequente saque da conta do FGTS é outra.

Para acabar de vez com a celeuma acerca dos 40% serem devidos ou não, trazemos à lembrança as hipóteses em que os trabalhadores também podem utilizar os valores depositados em sua conta do FGTS: quando o trabalhador quer comprar casa própria, por exemplo, e utiliza o dinheiro depositado na sua conta do FGTS, nada acontece com seu contrato de trabalho, simplesmente, porque uma coisa não tem, ressalte-se, nada a ver com a outra. Posteriormente, tal trabalhador, vindo a ser despedido sem justa causa, amoldando-se, portanto, às disposições do art. 7º, inciso I, da CF, combinado com o art. 10 do ADCT, faz jus aos 40% de indenização sobre o total da conta vinculada! Ou seja, mesmo tendo utilizado o dinheiro do FGTS antes do término do contrato de trabalho — mesma hipótese do trabalhador aposentado espontaneamente que continua trabalhando após o jubilo — o trabalhador receberá a indenização, que hoje objetiva proteger sua relação de emprego, sobre todo o período contratual. Ou melhor, sobre todos os valores já depositados em sua conta vinculada, inclusive em relação aos que já usufruiu durante a vigência do pacto laboral.

Observemos mais decisões:

PROCESSO N. 01607-2006-081-02-00

Aposentadoria espontânea. Multa de 40% do FGTS. Cancelamento da OJ n. 177 da SDI do C. TST. Se o contrato não sofre solução de continuidade e, consequentemente, o empregado é demitido, este faz jus à multa de 40% sobre a integralidade dos depósitos do FGTS.

PROCESSO: E-RR 663024 — 2000

APOSENTADORIA ESPONTÂNEA. EFEITOS.

1. Não se divisa na legislação em vigor dispositivo que autorize concluir pela extinção do contrato de trabalho em decorrência da aposentadoria espontânea. O art. 453, *caput*, da Consolidação das Leis do Trabalho não contém determinação nesse sentido, uma vez que se destina a regular matéria diversa, relativa à contagem do tempo de serviço nas hipóteses de readmissão do empregado. Já os §§ 1º e 2º do referido dispositivo legal foram retirados do mundo jurídico por força das decisões proferidas pelo Supremo Tribunal Federal por ocasião do julgamento das ADINs ns. 1.770-4/DF e 1.721-3/DF, ocorrido em 11.10.2006.

2. A legislação trabalhista em vigor não consagra hipótese para a extinção da relação de emprego que não decorra da manifestação de vontade das partes ou de grave violação dos deveres resultantes do contrato, ensejando o reconhecimento de justo motivo para a sua rescisão unilateral, seja pelo empregado, seja pelo empregador. Admitir a presunção do desinteresse na continuidade da relação empregatícia a partir de ato exógeno ao contrato celebrado e diante da continuidade da prestação dos serviços afigura-se, pois, não apenas incompatível com o regramento legal regente da espécie como também contrário à lógica. Com efeito, se o reconhecimento da prestação dos serviços autoriza supor a existência da relação de emprego, não há como admitir que se presuma o seu término se as partes assim não se manifestaram e a prestação dos serviços prosseguiu.

3. Se a extinção do contrato não resultou da iniciativa espontânea do empregado, nem deu ele ensejo à rescisão unilateral por parte do empregador, tem jus o obreiro à indenização constitucionalmente assegurada. De outro lado, se a aposentadoria espontânea não extingue o contrato de trabalho, não há motivos para cindir o tempo de vinculação do empregado à empresa, devendo a indenização incidir sobre todo o período de duração do contrato, anterior e posterior à aposentadoria. Entendimento em sentido contrário resultaria claramente atentatório ao comando emanado do art. 10, I, do Ato das Disposições Constitucionais Transitórias, frustrando a garantia insculpida no art. 7º, I, da Constituição da República.

4. Recurso de embargos conhecido e provido.

Vistos, relatados e discutidos estes autos dos Embargos em Recurso de Revista n. TST--E-RR-663.024/2000.1, em que é embargante ERASMO CRISTO ALVES e embargada COMPANHIA VALE DO RIO DOCE — CVRD.

Trata-se de recurso de embargos interposto pelo reclamante à decisão prolatada pela egrégia 3ª Turma, mediante a qual se conheceu e se deu provimento ao recurso de revista empresarial para, reconhecendo a extinção do contrato de trabalho operada por força da aposentadoria espontânea do obreiro, excluir da condenação imposta à reclamada o pagamento da multa de 40% do FGTS, aviso prévio à época da aposentadoria por tempo de serviço do empregado e as indenizações estabelecidas na norma interna denominada DCA 22/97.

Pugna o embargante pelo restabelecimento da decisão proferida pelo Tribunal Regional, argumentando que, ao se aposentar, exercitou regularmente seu direito, não existindo previsão legal que respalde o entendimento segundo o qual a aposentadoria voluntária extingue o contrato de trabalho. Conclui, daí, que a egrégia Turma acabou por violar os arts. 7º, I, da Constituição da República, 10, I, do Ato das Disposições Constitucionais Transitórias, e 49, I, *b*, e 54 da Lei n. 8.213/91.

A embargada ofereceu impugnação às fls. 345/355.

Não houve remessa dos autos à douta Procuradoria-Geral do Trabalho, à míngua de interesse público que a justificasse.

É o relatório.

VOTO

I — CONHECIMENTO

1 — PRESSUPOSTOS EXTRÍNSECOS DE ADMISSIBILIDADE RECURSAL.

O recurso de embargos foi interposto tempestivamente (certidão de publicação da decisão embargada lavrada à fl. 318 e carimbo do protocolo aposto na petição de encaminhamento do recurso — à fl. 319). O advogado que subscreve as razões recursais encontra-se devidamente habilitado (procuração e substabelecimento acostados às fls. 11 e 312). Custas processuais já satisfeitas pela reclamada (fl. 189).

2 — PRESSUPOSTOS INTRÍNSECOS DE ADMISSIBILIDADE RECURSAL.

APOSENTADORIA ESPONTÂNEA. EFEITOS.

Houve por bem a egrégia 3ª Turma conhecer do recurso de revista empresarial, por divergência jurisprudencial. No mérito, deu-lhe provimento para, reconhecendo a extinção do contrato de trabalho operada por força da aposentadoria espontânea do obreiro, excluir da condenação imposta à reclamada o pagamento da multa de 40% do FGTS, aviso prévio à época da aposentadoria por tempo de serviço do empregado e as indenizações estabelecidas na norma interna denominada DCA n. 22/97. Os fundamentos da decisão embargada encontram-se na ementa lançada à fl. 299:

APOSENTADORIA. FATO GERADOR DA EXTINÇÃO DO CONTRATO DE TRABALHO.

DIVERGÊNCIA JURISPRUDENCIAL CARACTERIZADA. APLICAÇÃO DO ENUNCIADO N. 295 DO TST. PARCELAS INDENIZATÓRIAS (DCA) E AVISO PRÉVIO INDEVIDOS. 1. A aposentadoria espontânea extingue o contrato de trabalho, não sendo caso de incidência da multa compensatória de 40% sobre o valor do depósito fundiário. Tal entendimento, contudo, encontra-se cristalizado no En. n. 295 desta Corte, segundo o qual a cessação do contrato de trabalho por meio de aposentadoria espontânea do empregado exclui o direito à indenização relativa ao período anterior à opção 2. Em relação à parcela pleiteada (DCA/97), do compulsar dos autos verifico que o caso em questão não se coaduna em quaisquer das situações explicitadas na norma que a regulamenta. Desta feita, não houve dispensa pelo empregador a ensejar o recebimento de tal parcela de cunho indenizatório. Revista conhecida e provida para excluir da condenação imposta à Reclamada o pagamento da multa de 40% do FGTS, aviso prévio à época da aposentadoria por tempo de serviço do empregado e as indenizações estabelecidas na norma interna denominada DCA n. 22/97, ressalvado o posicionamento do Relator em sentido contrário. Pugna o embargante pelo restabelecimento da decisão proferida pelo Tribunal Regional, argumentando que, ao se aposentar, exercitou regularmente seu direito, não existindo previsão legal que respalde o entendimento segundo o qual a aposentadoria voluntária extingue o contrato de trabalho. Conclui, daí, que a egrégia Turma acabou por violar os arts. 7º, I, da Constituição da República, 10, I, do Ato das Disposições Constitucionais Transitórias, e 49, I, b, e 54 da Lei n. 8.213/91. Assiste razão ao embargante.

Discute-se, nos presentes autos, se a aposentadoria espontânea do empregado importa ou não na extinção do contrato de trabalho, bem como os efeitos daí resultantes quanto à indenização de 40% sobre o saldo do FGTS e à nulidade do segundo contrato de trabalho, que se formou tacitamente a partir da aposentadoria voluntária do autor, muito embora ausente o requisito do concurso público.

Prevaleceu, até recentemente, nesta Corte superior, entendimento no sentido de que a aposentadoria espontânea extingue o contrato de trabalho, nos termos da Orientação Jurisprudencial n. 177 da SBDI-I. O cancelamento do referido precedente, todavia, por força de decisão do Tribunal Pleno publicada no DJU de 30.10.06, franqueou a retomada do debate sobre o tema.

Deve-se frisar, inicialmente, que não se encontra na legislação em vigor dispositivo que autorize concluir pela extinção do contrato de trabalho em decorrência da aposentadoria espontânea. O art. 453, *caput*, da Consolidação das Leis do Trabalho não contém determinação nesse sentido, uma vez que se destina a regular matéria diversa, relativa à contagem do tempo de serviço nas hipóteses de readmissão do empregado. Já os §§ 1º e 2º do referido dispositivo legal foram retirados do mundo jurídico por força das decisões proferidas pelo Supremo Tribunal Federal por ocasião do julgamento das ADINs ns. 1.770-4/DF e 1.721-3/DF, ocorrido em 11.10.06.

Importante ressaltar que a Corte Suprema afirmou a inconstitucionalidade dos preceitos de lei antes mencionados à consideração de que introdutórios de nova modalidade de extinção do contrato de trabalho automática e à revelia do cometimento de falta grave ou de manifestação de vontade, seja do empregado, seja do empregador. Asseverou, ainda, que a aposentadoria espontânea corresponde ao exercício regular de um direito pelo empregado, no âmbito de uma relação de natureza previdenciária mantida com o Estado distinta, portanto, da relação de emprego.

Com efeito, o instituto da aposentadoria deve ser tratado sob a óptica do Direito Previdenciário e não do Direito do Trabalho, uma vez que não se confunde com o contrato de trabalho, tratando-se de institutos jurídicos independentes entre si. Se, por um lado, é certo que a relação previdenciária pode ter início com a celebração de contrato de trabalho, é igualmente certo que pode ela se estabelecer à margem da relação empregatícia como, por exemplo, no caso dos trabalhadores autônomos.

Imperioso concluir, daí, que a relação previdenciária estabelecida entre o contribuinte e o Estado e calcada no recolhimento das contribuições devidas e no implemento do requisito temporal erigido em lei específica não interfere na relação de emprego formalizada entre empregado e empregador. Assim, é dado ao empregado que implementa os requisitos necessários ao usufruto da aposentadoria espontânea requerer o benefício previdenciário e dar continuidade à relação de emprego.

Tal é a conclusão que se extrai a partir da exegese do art. 49 da Lei n. 8.213/91, cujo teor é o seguinte (os grifos não estão no original):

Art. 49. A aposentadoria por idade será devida:

I ao segurado empregado, inclusive o doméstico, a partir:

a) da data do desligamento do emprego, quando requerida até essa data ou até 90 (noventa) dias depois dela; ou b) da data do requerimento, quando não houver desligamento do emprego ou quando for requerida após o prazo previsto na alínea a; II para os demais segurados, da data da entrada do requerimento.

Importante observar que o art. 54 da lei já referida consagra os mesmos critérios constantes do dispositivo transcrito para o início da aposentadoria por tempo de serviço.

Some-se ao já exposto a circunstância de que a legislação trabalhista em vigor não consagra hipótese para a extinção da relação de emprego que não decorra da manifestação de vontade das partes ou de grave violação dos deveres resultantes do contrato, ensejando o reconhecimento de justo motivo para a sua rescisão unilateral, seja pelo empregado, seja pelo empregador. Admitir a presunção do desinteresse na continuidade da relação empregatícia a partir de ato exógeno ao contrato celebrado e diante da continuidade da prestação dos serviços afigura-se, pois, não apenas incompatível com o regramento legal regente da espécie como também contrário à lógica. Com efeito, se o reconhecimento da prestação dos serviços autoriza supor a existência da relação de emprego, não há como admitir que se presuma o seu término se as partes assim não se manifestaram e a prestação dos serviços prosseguiu. Conclui-se, daí, que a aposentadoria espontânea não extingue o contrato de trabalho.

Nesse sentido, aliás, vem-se pronunciado reiteradamente o Supremo Tribunal Federal, conforme o seguinte precedente: EMENTA: Previdência social: aposentadoria espontânea não implica, por si só, extinção do contrato de trabalho. 1. Despedida arbitrária ou sem justa causa (CF, art. 7º, I): viola a garantia constitucional o acórdão que, partindo de premissa derivada de interpretação conferida ao art. 453, *caput*, da CLT (redação alterada pela Lei n. 6.204/75), decide que a aposentadoria espontânea extingue o contrato de trabalho, mesmo quando o empregado continua a trabalhar na empresa após a concessão do benefício previdenciário. 2. A aposentadoria espontânea pode ou não ser acompanhada do afastamento do empregado de seu trabalho: só há readmissão quando o trabalhador aposentado tiver encerrado a relação de trabalho e posteriormente iniciado outra; caso haja continuidade do trabalho, mesmo após a aposentadoria espontânea, não se pode falar em extinção do contrato de trabalho e, portanto, em readmissão. 3. Precedentes (ADIn n. 1.721-MC, Ilmar Galvão, RTJ 186/3; ADIn n. 1.770, Moreira Alves, RTJ 168/128) (RE 449.420-5/PR, rel. Ministro Sepúlveda Pertence, publicado no DJU de 14.10.2005).

Uma vez definida a ausência de consequências decorrentes da aposentadoria espontânea em relação à manutenção do vínculo de emprego, sobeja o tema da indenização de 40% incidente sobre o saldo do FGTS. Afigura-se intuitiva a noção de que o único fundamento válido para recusar o direito do obreiro ao cômputo do período anterior à jubilação para fins de percepção da referida indenização seria o reconhecimento de que a aposentadoria espontânea extingue o contrato de trabalho. Uma vez infirmada tal premissa, não subsistem razões para limitar o direito do empregado aos depósitos efetuados no período posterior à aposentadoria.

Imperioso ressaltar que a indenização a que se refere o art. 10, I, do Ato das Disposições Constitucionais Transitórias tem por finalidade assegurar ao trabalhador a proteção contra a demissão imotivada que lhe é assegurada pelo art. 7º, I, da Constituição da República. Entende-se por demissão imotivada toda aquela que não decorra da vontade do empregado ou de grave violação dos deveres do contrato por ele praticada, caracterizando a justa causa para o despedimento, na forma da lei.

Ora, se a extinção do contrato não resultou da iniciativa espontânea do empregado, nem deu ele ensejo à rescisão unilateral por parte do empregador, tem jus o obreiro à indenização constitucionalmente assegurada. De outro lado, se a aposentadoria espontânea não extingue o contrato de trabalho, não há motivos para a cisão do tempo de vinculação do empregado à empresa, devendo a indenização incidir sobre todo o período de duração do contrato — anterior e posterior à aposentadoria.

Entendimento em sentido contrário resultaria insofismavelmente atentatório ao comando emanado do art. 10, I, do Ato das Disposições Constitucionais Transitórias, frustrando a garantia insculpida no art. 7º, I, da Constituição da República.

Frise-se que tal entendimento resulta como imperativo de coerência na interpretação das normas que regem o sistema previdenciário nacional. Com efeito, a Lei n. 8.213/91, que dispõe sobre os Planos de Benefícios da Previdência Social, estabelece, em seu art. 51, que a aposentadoria por implemento da idade legal (65 anos para o sexo feminino e 70 anos para o sexo masculino) será compulsória, caso em que será garantida ao empregado a indenização prevista na legislação trabalhista, considerando como data da rescisão do contrato de trabalho a imediatamente anterior à do início da aposentadoria

Não haveria como justificar que ao empregado aposentado compulsoriamente por idade fosse assegurada a indenização trabalhista, e assim não se procedesse em relação àquele aposentado voluntariamente. Não pode este último ser apenado pelo exercício legítimo de um direito, passando a receber tratamento francamente discriminatório em relação àquele aposentado compulsoriamente. Frise-se, aliás, que admitir que a aposentadoria espontânea elidisse o direito à indenização devida pelo empregador por ocasião da rescisão contratual importaria equiparar o empregado jubilado àquele que pratica falta grave, equiparando-se quem exercita um direito legalmente assegurado a quem viola a lei, infringindo gravemente os deveres resultantes do contrato. Ainda uma vez, a solução que ora se propõe para o litígio decorre não somente da lei, mas constitui imperativo de bom senso.

Ante todo o exposto, conclui-se, na hipótese concreta, pela ocorrência de afronta ao art. 7º, I, da Constituição Federal, veiculado pelo reclamante no momento processual oportuno e adequado, haja vista o fato de que apenas com a decisão proferida pela Turma do TST tornou-se ele sucumbente na pretensão. Hipótese de aplicação do item III da Súmula n. 297 desta Corte superior.

Conheço do recurso de embargos interposto pelo reclamante, por violação do art. 7º, I, da Constituição Federal.

MÉRITO

Corolário do conhecimento do recurso de embargos por ofensa ao art. 7º, I, da Constituição Federal é o seu provimento, para, reformando o acórdão embargado, restabelecer a decisão proferida pelo Tribunal Regional.

ISTO POSTO

ACORDAM os Ministros da Subseção I Especializada em Dissídios Individuais do Tribunal Superior do Trabalho, por unanimidade, com ressalva de entendimento da Exma. Ministra Maria de Assis Calsing, conhecer dos embargos por violação do art.

7º, I, da Constituição Federal e, no mérito, dar-lhes provimento para, reformando o acórdão embargado, restabelecer a decisão proferida pelo Tribunal Regional de origem.

Brasília, 18 de junho de 2007.

LELIO BENTES CORRÊA

8. Supremacia da Constituição: no Brasil existe tal constatação?

Durante este estudo, tratamos das questões relevantes e pertinentes ao tema proposto com uma abordagem um tanto quanto peculiar. Referimo-nos aos surgimentos de contrato de trabalho, Orientação Jurisprudencial n. 177 do TST e direito a benefício previdenciário espontâneo, sempre relacionando as suas formas de início como se fossem verdadeiras espécies de nascimento.

Passemos da mesma forma a cuidar também, brevemente, de outra questão relacionada ao tema qual seja a do nascimento do Princípio da Supremacia da Constituição Federal sobre as demais normas do nosso ordenamento jurídico.

O nascimento de tal princípio, outrossim, é atribuído, por grande parte da doutrina, à sentença proferida por *John Marshall* — "Chief-Justice" da Suprema Corte Americana — em 1803, no conhecido e famoso caso "Marbury *versus* Madison".

O nascimento da competência do Poder Judiciário para a verificação de constitucionalidade e inconstitucionalidade das normas do ordenamento jurídico também teria, em consequência, nascido de tal sentença. Nessa sentença a opção por rigidez constitucional ou flexibilidade foi enunciada com uma clareza fenomenal. Tal decisão precisou que ou a Constituição iria, efetivamente, preponderar quando em conflito com os atos legislativos, ou poderia ser modificada pelo Poder Legislativo pela simples edição de leis ordinárias contrastantes ao texto constitucional. Dito de outra maneira, ou possuímos leis constitucionais mutáveis pelos meios ordinários, pois, colocada a Constituição no mesmo nível teórico destes atos legislativos, podendo, outrossim, ser alterada ao sabor do Poder Legislativo, ou a Constituição deverá ser a lei fundamental e maior, sendo, para tanto, superior hierarquicamente às demais e imutável pelos meios ordinários.

Se nossa última constatação estiver correta, necessariamente iremos concluir que os atos legislativos contrários à Carta Magna não poderiam ser leis. Admitindo-se, ao contrário, a mutabilidade constitucional por leis ordinárias teríamos de assumir que as Constituições escritas — como a do Brasil — outra coisa não seriam do que loucas tentativas de buscar a limitação a um poder que, naturalmente, seria ilimitável.

A complexa escolha do juiz norte-americano, ao conferir respeito às disposições da Constituição norte-americana de 1787, desencadeou na época uma grande inovação, repetida, atualmente, pela esmagadora maioria das Constituições ocidentais qual seja o poder dos magistrados de não aplicar as leis contrárias à Constituição, respeitando, assim, o "recém nascido" Princípio da Supremacia da Constituição.

Devemos mencionar que há também parte da doutrina que entende ter o nascimento da supremacia constitucional ocorrido bem antes da Constituição dos Estados Unidos da América de 1787. Para estas pessoas, tal nascimento teria se dado, em realidade, na *common law* inglesa, pois, já haveria princípios considerados fundamentais e incorporados a uma lei superior — não passível de modificação pelo Parlamento — desde 1610, quando o juiz *Edward Coke*, no caso *Bonham*, teria afirmado: "quando um ato do Parlamento é contrário ao Direito e à razão, a *common law* o controlará e o julgará nulo".

De qualquer sorte, se não sabemos precisar qual corrente doutrinária está com a razão acerca do momento correto do nascimento do Princípio da Supremacia Constitucional, pelo menos, uma coisa é certa: o princípio nasceu! Comemoremos o seu nascimento e não esqueçamos de sua existência sob pena de o enfraquecermos a ponto de matá-lo. A interpretação das leis conforme o sistema de supremacia constitucional deve partir de cima para baixo, ou melhor, tudo precisa estar de acordo com os princípios e dispositivos constitucionais para que possa, assim, produzir efeitos legítimos.

Na formulação da Constituição imagina-se que o legislador, após atenta, séria e dedicada observação da sociedade, primou pelas necessidades mais urgentes de seu povo, que crédulo — e orgulhoso de sua ingenuidade — colocou-se à disposição do que tais legisladores passariam a determinar para a obtenção do progresso comum.

Se partíssemos sempre da premissa maior de pré-adaptação legal à Constituição, iniquidades como a que se suplantou durante longo período por meio da infeliz redação do parágrafo segundo do art. 453 não ocorreriam com tamanha frequência e naturalidade. Felizmente, no Brasil ainda existem cidadãos ingênuos — no melhor dos sentidos — que passaram a analisar a Carta Magna e constataram a não adequação à Constituição Federal dos dispositivos impugnados pelas ADIs ns. 1.770 e 1.721. Tais pessoas, que não mais conseguiam suportar obedecer a ordens legais iníquas, tentaram afirmar os seus direitos constitucionais para não seguir os preceitos inconstitucionais, entregando o problema dos efeitos da aposentadoria espontânea no contrato de trabalho à solução de nossa Corte Suprema (Supremo Tribunal Federal), que invalidou o parágrafo segundo do art. 453 da CLT e estabeleceu que o contrato de trabalho não mais se extingue pela aposentadoria espontânea.

Enfim, nossa Constituição acabou preponderando no conflito estabelecido com o § 2º do art. 453 celetista, porém, ainda assim, muitos insistem em buscar argumentos para tentar obstar o direito constitucional à proteção do emprego, que, atualmente, é regulamentada pelo art. 10 do ADCT, sendo, portanto, devidos os 40% sobre o FGTS — como indenização à despedida arbitrária ou sem justa causa — calculados com base no período trabalhado no único contrato de trabalho reconhecido pela Carta Magna, seja antes ou depois do exercício do benefício previdenciário.

Façamos da Supremacia Constitucional uma constatação real e não somente um princípio inscrito no texto de um livro empoeirado e esquecido no fundo de uma das prateleiras jurídicas da biblioteca...

9. A readmissão e o caput *do art. 453 da CLT conjugados aos princípios, regras e às cosequências da norma constitucional*

A continuidade da relação de emprego sempre foi norma do Direito do Trabalho brasileiro, estabelecendo-se que, em princípio, tende a relação laboral a ser interpretada como prevalente em relação à passagem do tempo, alongando-se e prolongando-se com o transcorrer do mesmo. Tal norma, porém, suportava exceções, advindas da relação contratual, que faziam com que o contrato não mais continuasse, isto é, fosse extinto.

O professor *Mauricio Godinho Delgado* é quem discorre:

é de interesse do Direito do Trabalho a permanência do vínculo empregatício, com a integração do trabalhador na estrutura e dinâmica empresariais. Apenas mediante tal permanência e integração é que a ordem justrabalhista poderia cumprir satisfatoriamente o objetivo teleológico do Direito do Trabalho, de assegurar melhores condições, sob a ótica obreira, de pactuação e gerenciamento da força de trabalho em determinada sociedade.

Uma exceção à regra da continuidade da relação de emprego, aliás, princípio específico da seara trabalhista, manifestava-se justamente com a concretização da aposentadoria espontânea dos trabalhadores. Destarte, aposentando-se espontaneamente o empregado que não queria parar de trabalhar estaria fazendo jus a um conhecido ditado popular, ou melhor, dando um tiro no próprio pé.

Leciona *Américo Plá Rodriguez* que: "historicamente, o Direito do Trabalho surgiu como consequência de que a liberdade de contrato entre pessoas com poder e capacidade econômica desiguais conduzia a diferentes formas de exploração".

E mais tarde o brilhante autor destaca: "o Direito do Trabalho atribui à relação de emprego a mais ampla duração, sob todos os aspectos".

Não obstante às lições *supra*, importadas do Uruguai, a relação de emprego no Brasil era extinta pelo exercício do benefício previdenciário de aposentadoria espontânea, conforme previa o inconstitucional § 2º do art. 453 da CLT.

Valemo-nos outra vez das palavras do professor *Mauricio Godinho Delgado*:

A Constituição de 1988 inclinou-se a reinserir o princípio da continuidade da relação empregatícia em patamar de relevância jurídica, harmonizando, em parte, a ordem justrabalhista à diretriz desse princípio. Assim, afastou a anterior incompatibilidade do instituto do FGTS com qualquer eventual sistema de garantias jurídicas de permanência do trabalhador no emprego — afastamento implementado ao estender o Fundo a todo e qualquer empregado (art. 7º, III, CF/88). Ao lado disso, fixou a regra da relação de emprego protegida contra despedida arbitrária ou sem justa causa, nos termos de lei complementar, que preverá indenização compensatória, dentre outros direitos (art. 7º, I, CF/88).

Cabe indagar, outrossim, se a inconstitucionalidade revelada no § 2º deixou incólume a redação e a interpretação do *caput* do art. 453 consolidado, afinal, de fato, não foi o *caput* objeto de qualquer ação, ou melhor, da ADI n. 1.721 pela qual se determinou a incompatibilidade do mencionado parágrafo com as normas da Carta Magna.

A propósito, os seguintes julgados da oitava turma do Tribunal da 3ª Região e da segunda Turma da 2ª Região, respectivamente:

Processo 00333-2006-009-03-00-3

EMENTA: APOSENTADORIA ESPONTÂNEA. EXTINÇÃO DO CONTRATO DE TRABALHO. A aposentadoria espontânea extingue o pacto laboral, o que não se alterou com a Lei n. 8.213/91, apenas sendo facultado ao empregado continuar prestando serviços tanto a partir do requerimento da aposentação, quanto após o seu deferimento, o que, porém, em sendo exercitado, faz nascer um novo contrato. Tal interpretação encontra-se consentânea com o disposto no *caput* do art. 453 da CLT. Desta forma, ainda que não tenha havido solução de continuidade na prestação de serviços, a partir da aposentadoria, um novo contrato se forma. O *caput* do art. 453 da CLT, aplicável à hipótese, não foi tocado pela inconstitucionalidade declarada pelo STF quanto aos seus §§ 1º e 2º.

Processo 00385-2006-052-02-00

APOSENTADORIA ESPONTÂNEA — EXTINÇÃO DO CONTRATO DE TRABALHO — MULTA DE 40% DO FGTS ANTERIOR À JUBILAÇÃO — O cancelamento da Orientação Jurisprudencial n. 177 da Subseção I de Dissídios Individuais do Colendo TST não implica alteração da convicção de a aposentadoria espontânea extinguir o contrato de trabalho, dando-se início, a partir daí, a uma nova relação. É importante ressaltar que tal precedente, obstativo da percepção da multa de 40% sobre os depósitos ao FGTS realizados durante todo o liame empregatício, cancelado pelo Pleno em 25.10.2006, foi objeto de análise pelo Colendo TST, posteriormente as liminares concedidas nas ADIn's ns. 1.721 e 1.770, permanecendo, no entanto, incólume, haja vista que não se alicerçava nos parágrafos do art. 453 — objetos das ações diretas de inconstitucionalidade — mas sim em seu *caput*. E é inconcebível a argumentação no sentido de o art. 453 do estatuto consolidado se limitar a estabelecer regramento relativo a *acessio temporis*. Tal dispositivo vai além, pondo, sim, termo ao contrato de emprego quando da jubilação requerida.

A partir de um dispositivo legal é possível a construção de mais de uma norma, diz o professor *Humberto Bergmann Ávila*:

exemplo ilustrativo é a declaração de inconstitucionalidade parcial sem redução do texto: o Supremo Tribunal Federal, ao proceder ao exame de constitucionalidade das normas investiga os vários sentidos que compõem o significado de determinado dispositivo, declarando, sem mexer no texto, a inconstitucionalidade daqueles que são incompatíveis com a Constituição Federal. O dispositivo fica mantido, mas as normas construídas a partir dele, e que são incompatíveis com a Constituição Federal, são declaradas nulas.

A clareza da exposição *supra* é louvável. E esta é, na nossa concepção, a interpretação que deve ser conferida ao *caput* do art. 453 após a declaração de inconstitucionalidade de seu parágrafo segundo. As normas construídas com base no dispositivo impugnado, e expulso do ordenamento jurídico pela declaração do STF, não poderão prevalecer, seja pelo dispositivo focado na ADI n. 1.721, seja por qualquer outro dispositivo legal vigente!

Ao exercer o controle abstrato de constitucionalidade o STF demonstrou qual é o sentido constitucional a ser aplicado à regra, dentre a variedade de entendimentos possíveis antes disso. Tal forma de controle é também conhecida por concentrada, pois, tem por objeto a lei em tese, isto é, não há partes individualmente interessadas, mas o interesse é geral, impessoal e objetivo em declarar a inconstitucionalidade de determinado dispositivo.

Diante do exposto, os fundamentos da Corte Constitucional ao declarar inconstitucionalidades abstratas, ao contrário das hipóteses concretas — controladas por meio difuso focado no direito subjetivo da parte —, vinculam todos, isto é, *erga omnes* — por ser controle concentrado.

Ora, fica claro, outrossim, que a redação e a interpretação do *caput* terão sim de adaptar-se à declaração de inconstitucionalidade de seu parágrafo segundo, sob pena de afronta ao determinado pelo STF.

Ilustrando e fortificando nosso posicionamento colacionamos a seguinte jurisprudência:

Agravo Regimental em Agravo de Instrumento 519.669-4/SP Ministro Sepúlveda Pertence:

Os §§ 1º e 2º do art. 544 (art. 453) da CLT foram declarados inconstitucionais. Não se atacou o *caput*, mas os fundamentos do acórdão-plenário, que declarou inconstitucionais os parágrafos — à vista da mesma doutrina de que a aposentadoria extinguia o contrato de trabalho — são absolutamente aplicáveis ao *caput*.

Reclamação n. 4.387/PI Ministro *Celso de Mello:*

Na realidade, o caso versado nos presentes autos configuraria hipótese de violação ao conteúdo essencial dos acórdãos proferidos nas aludidas ações diretas de inconstitucionalidade, pois o caráter vinculante de que se reveste qualquer julgamento desta Corte, em sede de fiscalização normativa abstrata, decorre não apenas do que se contém em sua parte dispositiva, mas alcança, também, em razão da transcendência de seus efeitos, os próprios fundamentos determinantes das decisões emanadas do Supremo Tribunal Federal no âmbito dos processos de controle concentrado de constitucionalidade. Essa asserção encontra fundamento em autorizado magistério doutrinário (MORAES, Alexandre de. *Constituição do Brasil interpretada e legislação constitucional*. 1. ed. São Paulo: Atlas, 2002. p. 2.372/2.373; PIMENTA, Paulo Roberto Lyrio. Limites subjetivos e objetivos da coisa julgada no controle abstrato de constitucionalidade. In: *Revista Dialética de Direito Processual*, p. 127/129, 2003), cabendo referir, a tal propósito, a precisa observação do eminente Ministro *Gilmar Ferreira Mendes* (O efeito vinculante das decisões do Supremo Tribunal Federal nos processos de controle abstrato de normas. In: *DCAP — Direito Administrativo Contabilidade e Administração Pública*, n. 4, abr. 99.

p. 43, item n. 2.2.2.2, IOB): Proferida a declaração de constitucionalidade ou inconstitucionalidade de lei objeto da ação declaratória, ficam os Tribunais e órgãos do Poder Executivo obrigados a guardar-lhe plena obediência. Tal como acentuado, o caráter transcendente do efeito vinculante impõe que sejam considerados não apenas o conteúdo da parte dispositiva da decisão, mas a norma abstrata que dela se extrai, isto é, a proposição de que determinado tipo de situação, conduta ou regulação — e não apenas aquela objeto do pronunciamento jurisdicional — é constitucional ou inconstitucional e deve, por isso, ser preservado ou eliminado.

Reclamação n. 4.416/PA Ministro Celso de Mello:

é cursivo, o efeito vinculante das decisões proferidas em ação direta de inconstitucionalidade se refere não apenas ao dispositivo do acórdão, mas também aos seus 'fundamentos determinantes', através dos quais o STF, guardião máximo do Texto Constitucional, fixa a interpretação que deve ser seguida por todos os órgãos do Poder Judiciário e da Administração Pública federal, estadual e municipal (art. 102, § 2ª, da Constituição Federal, na redação da Emenda Constitucional n. 45/04, e art. 28, parágrafo único, da Lei n. 9.868/99): (...) 20. Assim, por todo o exposto, é pertinente o presente reclamo, vez que as decisões impugnadas ferem a autoridade de várias decisões do Supremo Tribunal Federal que declaram inconstitucional a vinculação remuneratória entre as carreiras da Defensoria Pública e do Ministério Público, por ofensa direta ao art. 37, XIII, da Constituição Federal, e à iniciativa privativa do Chefe do Executivo de propor leis relativas à remuneração dos servidores do aludido Poder (CF, art. 61, § 1º, II, *a*).

O *caput* do art. 453 almeja regulamentar única e exclusivamente a contagem do tempo de serviço dos trabalhadores em situação de readmissão. O artigo é bem claro quanto ao seu objeto principal, apenas mencionando a falta grave, a indenização legal e a aposentadoria espontânea como hipóteses excepcionais em que tal contagem não aproveitará todos os lapsos temporais em que o empregado trabalhou para o seu empregador, não importando se de maneira contínua ou não.

Vejamos a decisão da sexta turma do Tribunal da 2ª Região:

Processo 03186-2006-085-02-00

APOSENTADORIA ESPONTÂNEA. CONTINUIDADE DO PACTO LABORAL. Com o advento do art. 49, I, letra *b* da Lei n. 8.213 de 24.7.91, a aposentadoria espontânea deixou de ser causa extintiva do contrato de trabalho, possibilitando ao empregado permanecer no serviço após ser jubilado. Foi o que ocorreu com a reclamante, que não deixou de laborar para a reclamada quando se aposentou. Posicionamento em contrário implicaria em favorecer a reclamada, pois se beneficiou da força de trabalho da reclamante, continuamente. Ainda que se considerasse que a aposentadoria da empregada faz gerar novo contrato de trabalho, tal fato não exime a empresa das obrigações decorrentes do pacto laboral. Não se pode olvidar, outrossim, que os §§ 1º e 2º do art. 453 consolidado, introduzidos pelo art. 3º da Lei n. 9.528 de 10.12.97, tiveram sua eficácia suspensa pelo Supremo Tribunal Federal, até decisão final, através de liminar concedida nas ADINs ns. 1.721-3 e 1.770-4. E a medida liminar do STF que suspendeu a eficácia dos referidos dispositivos da CLT vincula os demais órgãos jurisdicionais inferiores. A Seção de Dissídios Individuais n. 1, do Colendo Tribunal Superior do Trabalho, para justificar a correção de sua Orientação Jurisprudencial n. 177, busca suporte direto no *caput* do art. 453 celetiano. *Data venia*, um equívoco, pois este refere-se tão somente ao tempo de serviço do empregado readmitido e não sobre a aposentadoria espontânea, que diga-se de passagem, não extingue o contrato de trabalho, como bem já decidiu reiteradas vezes o próprio Excelso Supremo Tribunal Federal, que considera referida Orientação Jurisprudencial como violadora dos ditames constitucionais dispostos no inciso I do art. 7º.

A primeira redação do *caput* do art. 453 era a seguinte:

Art. 453. No tempo de serviço do empregado readmitido, serão computados os períodos, ainda não contínuos, em que tiver trabalhando anteriormente na empresa, salvo se houver sido despedido por falta grave ou tiver recebido indenização legal.

Percebemos com uma simples leitura a falta de uma das hipóteses excepcionais hoje contidas no referido artigo por redação acrescentada pela Lei n. 6.204 de 29 de abril de 1975, que assim dispõe:

Art. 453. No tempo de serviço do empregado readmitido, serão computados os períodos, ainda não contínuos, em que tiver trabalhando anteriormente na empresa, salvo se houver sido despedido por falta grave ou tiver recebido indenização legal ou se **aposentado espontaneamente**.

Para solucionarmos a questão referente à nova postura do *caput* do art. 453 frente à ADI n. 1.721 precisamos observar friamente qual seja o foco de tal artigo.

Como já se disse, trata-se de artigo que cuida especificamente da readmissão de trabalhadores e as suas consequências para a contagem de tempo de serviço. A readmissão consiste na restauração de um contrato de trabalho findo entre o empregado e o empregador, ou melhor, na volta do empregado à ativa na mesma empresa em que já laborou e por alguma razão teve o seu vínculo de emprego extinto e, posteriormente, retornou ao antigo emprego. De acordo com o conceito *supra*, mister afirmarmos que entre as três hipóteses de exceção à regra de contagem trazida pelo próprio *caput* existe ou, pelo menos, existia (antes da ADI n. 1.721) um ponto comum no sentido de que todas põem fim ao vínculo de emprego como decorrência do final do contrato de trabalho, pelo menos a partir de 1997 quando o legislador expressamente disse que a aposentadoria espontânea também extinguiria o vínculo empregatício. O legislador de 1975 entendeu que para tais situações, extinguindo-se o vínculo, o tempo de serviço anterior à extinção referida não se somaria à contagem em favor do empregado. Melhor dizendo, o período trabalhado antes da aposentadoria espontânea não era computado no tempo de serviço do empregado readmitido porque se extinguiria o contrato com o requerimento de aposentadoria, nos termos da Lei n. 8.213/91, e se consumava a hipótese de exceção do *caput* do art. 453 da CLT.

O entendimento do STF nas ADIs ns. 1.721 e 1.770 é no sentido de que nenhuma interpretação poderá ser feita para considerar a aposentadoria espontânea como um dos modos de exaurir-se o contrato de trabalho, isto é, a aposentadoria espontânea, simplesmente, não mais extingue o contrato de trabalho. Ressalte-se que quando o empregado recebe indenização legal ou é despedido por falta grave o seu vínculo empregatício não mais subsiste, o que, pelo exposto, não mais irá ocorrer em caso de aposentadoria espontânea.

Antes de continuar, precisamos iniciar algumas constatações. A primeira delas é a seguinte: se antes das decisões das ADIs ns. 1.721 e 1.770 havia a possibilidade de readmissão dos ex-empregados aposentados voluntariamente que resolviam continuar a trabalhar na mesma empresa após o recebimento do benefício previdenciário, agora — pós ADI n. 1.721 — não mais existe tal hipótese. Isto porque sem extinção de vínculo empregatício não há que se falar em readmissão por aposentadoria espontânea, como se refere o *caput*! Logo, por consequência, tranquilamente, já podemos afirmar uma segunda conclusão: a disposição do *caput*, quanto à não contagem do tempo de serviço aos aposentados espontaneamente, não mais poderá ser aplicada depois da declaração de inconstitucionalidade do § 2º do art. 453 da CLT para aqueles que seguirem no trabalho mesmo depois de requererem a aposentadoria voluntária.

O contrato é uno para aqueles empregados que não se desligaram da empresa depois de pleitearem o benefício previdenciário e a aposentadoria espontânea por si só não mais poderá extinguir o vínculo, razão pela qual a saída do empregado, regra geral, será natural (por morte), espontânea (por demissão) ou imposta pelo empregador (por despedida arbitrária ou sem justa causa).

Destarte, o tempo de serviço daquele que possui um contrato de trabalho único e contínuo será computado em seu favor, mesmo que aposentado espontaneamente, pois, seu contrato também terá de ser considerado uno em razão da decisão da Corte Constitucional na ADI n. 1.721. Ou seja, o *caput* deixa de ter sentido para tais empregados, não mais sendo devida a sua aplicação.

Questão um pouco mais intrigante surge quando passamos a analisar a hipótese do empregado que se aposenta espontaneamente e concomitantemente deixa o emprego. Passamos a enfrentar tal situação conflituosa que merece, no mínimo, ser debatida.

Notório é que a aposentadoria espontânea não mais se enquadra dentre as hipóteses excepcionais do *caput* quando tratamos dos empregados que não se desligaram do serviço após o jubilo, afinal, nunca houve a extinção do vínculo empregatício nem a inauguração de um novo pacto laboral para estes. Todavia, pergunta-se: pode ainda haver readmissão por aposentadoria espontânea, nos exatos termos do *caput* do art. 453, para aqueles que deixaram seus empregos em razão do benefício?

Para responder a questão *supra* é necessário enxergarmos que não se poderá, em hipótese alguma, falar mais em readmissão por causa de aposentadoria espontânea. Na situação que ora apresentamos, a saída do emprego não se deu pela aposentadoria espontânea, mas por saída espontânea do trabalhador. São situações completamente diferentes.

Antes da ADI n. 1.721, a aposentadoria proporcional extinguiria sozinha o vínculo de emprego sem se importar se essa também seria a vontade do empregado que, simplesmente, buscava uma melhora de sua condição social. Agora a vontade do empregado pode e deve ser manifestada, pois, se quiser deixar o emprego após o requerimento da aposentadoria poderá fazê-lo, mas isto nada mais será do que um simples pedido de demissão.

O problema se insurge quando este empregado que deixou seu emprego espontaneamente, portanto não mais pela aposentadoria espontânea e sim porque assim quis, é readmitido. Este empregado sem problema algum poderá ser readmitido por seu antigo empregador depois de sua saída espontânea, equivalente a um pedido de demissão, pois, sua aposentadoria não foi responsável pela extinção do vínculo, mas o vínculo acabou extinto por decisão do próprio empregado.

Com foco nesta última situação perguntamos: o *caput* ainda vigora para a não contagem do tempo de serviço? *Data venia*, outra vez entendemos que não. Se o empregado deixou o emprego por vontade própria e depois foi readmitido deverá ser enfatizado e aplicado o Enunciado n. 138 do TST, que dispõe:

> TST Enunciado n. 138
>
> Em caso de readmissão, conta-se a favor do empregado o período de serviço anterior encerrado com a saída espontânea.

Em síntese, depois da declaração de inconstitucionalidade do § 2º do art. 453 da CLT, não mais poderemos encarar o *caput* da mesma forma que fazíamos antes da ADI n. 1.721 ser julgada procedente. Primeiro, porque os empregados que se aposentarem espontaneamente e seguirem trabalhando normalmente não poderão mais ser prejudicados com o não cômputo do tempo de serviço, afinal, não houve o término do vínculo de emprego com o requerimento do benefício. E segundo, porque, mesmo para aqueles que tiveram os seus vínculos de emprego extintos por vontade própria, depois de adquirirem direito ao benefício previdenciário, a aposentadoria não foi o motivo de tal extinção contratual, devendo ser seguido o entendimento do Enunciado n. 138 do TST e não o do *caput*.

A CLT foi taxativa nos parágrafos do art. 453 ao estabelecer as situações em que a aposentadoria espontânea, não obstante ser taxada como um benefício, importaria em extinção do vínculo empregatício. Outrossim, não podemos supor que o seu *caput* sozinho (ainda menos após os julgamentos das ADIs ns. 1.770 e 1.721) possa de maneira tácita impor a extinção do pacto laboral e início de outro simultaneamente — hipótese em que o trabalhador se aposenta e segue trabalhando sem nunca ter deixado de laborar depois de auferir o benefício — ou determinar que a causa da extinção do vínculo daquele empregado que deixa o emprego por vontade própria e se aposenta voluntariamente seja a contraditória vontade de melhorar a sua condição social e não o pedido de demissão do empregado (verdadeiro exterminador do vínculo de tal emprego).

O doutrinador português *Jorge Miranda* define:

> Constitucionalidade e inconstitucionalidade designam conceitos de relação: a relação que se estabelece entre uma coisa — a Constituição — e outra coisa —

um comportamento — que lhe está ou não conforme, que com ela é ou não compatível, que cabe ou não cabe no seu sentido. A constitucionalidade ou inconstitucionalidade, enfim, não são mais que relações que referem 'o cumprimento ou não de certa norma jurídica': o cumprimento ou não da norma constitucional, a obediência ou não à Constituição" (v. II. p. 274/275).

Lembremos que, pela jurisprudência do STF, essa relação entre a norma infraconstitucional e a norma constitucional necessariamente deve dar-se entre uma norma jurídica promulgada depois da vigência da Carta Magna de 1988. O STF não reconhece como problema de inconstitucionalidade a relação entre a Constituição Federal de 1988 e uma norma promulgada antes da sua vigência. Neste caso tem-se então um problema de conflito de leis no tempo (recepção ou revogação), mas nunca um problema de inconstitucionalidade. Percebemos, outrossim, que, na verdade, o *caput* do art. 453 da CLT de 1975 jamais foi recepcionado pela Constituição Federal de 1988, quando retirou dos trabalhadores o direito constitucional previsto no art. 7º, I, e 10 do ADCT.

10. Conclusão: as normas eternas: adequação, superação e desenvolvimento

Já existem normas mesmo antes de começarmos a vê-las... Nascemos, nos alimentamos, crescemos e nos desenvolvemos em um lugar já dominado, já povoado, já habitado, ou melhor, já estereotipado. Mas o mundo nem sempre foi assim. Arrisquemos com uma suposição inusitada, mas mostrada ao menos crível após o término deste breve e ambicioso capítulo, afirmando que desde o primeiro humano nascido no planeta Terra sempre o precedeu um ordenamento de regras, mesmo antes do surgimento do próprio ser humano.

Nossa afirmação, outrossim, é resultado de uma longa reflexão — daquelas do tipo: quem veio primeiro o ovo ou a galinha? — para tentar supor e imaginar, apoiando-nos em dados da realidade, como verdadeiros juristas, o que teria surgido primeiro? O homem? Ou o Direito?

A pergunta é de extrema dificuldade dada a sua conotação filosófica e a variedade de respostas, se não exatas, pelo menos cabíveis, pois, apresentam-se, inclusive, diversas saídas e interpretações tanto para o termo "homem" quanto para a expressão "Direito". Nossa intenção foi no sentido de entendermos homem como o humano em sua origem; e Direito num sentido mais amplo do qual estamos acostumados a lidar.

Admitimos a eterna relação mantida entre o homem e o Direito e também a não menos eterna interferência e modificação do Direito por iniciativa do homem, mas não podemos negar que, antes de qualquer regramento estabelecido por nossa raça neste planeta, sempre existiu o regramento do próprio planeta, o qual passamos a denominar como o "Direito Antigo".

Tal regramento se impõe com força e perseverança dia após dia, noite após noite, desde que o sentimos na pele pela primeira vez há alguns muitos milhares de anos. As regras do tempo não fomos nós quem criou, pois sequer nos dias de hoje somos capazes de entendê-las muito bem. As regras da natureza também nos foram somente dispostas, entregues e impostas, não apresentadas, quanto menos por nós inventadas. As regras de espaço, por sua vez, somam-se às duas primeiras, formando o tríplice regramento do nosso, assim qualificado, "Direito Antigo".

Note-se que tais regras são heterônomas e soberanas. Não podemos optar obedecer ou modificar o entendimento de uma regra estabelecida se a sua eficácia tem o condão de ser considerada plena. Diríamos, outrossim, que o nosso primeiro Direito — o "Antigo" —, qual seja o próprio direito à vida, como muitas das normas de nossa atual Constituição Federal de 1988, tomando-se, por exemplo, o art. 7º, inciso I, imediatamente aplicável com base no art. 10 do ADCT, tem eficácia plena! Em ambos os casos, tais regramentos deveriam ser respeitados por si só, afinal, em princípio, se possuem eficácia plena, deverão emitir os seus efeitos aconteça o que acontecer, haja o que houver. No primeiro caso, porém, mesmo que quiséssemos, jamais conseguiríamos impedir a passagem do tempo, modificar as leis da natureza ou ocupar dois espaços concomitantemente. Já no segundo, precisamos fazer valer a plenitude das normas.

A eficácia plena do "Direito Antigo" não está disciplinada por Códigos ou Constituições como a do nosso "Direito Humano Elaborado", se fazendo tutelar — a primeira — por uma força maior que ainda não conseguimos compreender adequadamente.

A segunda espécie de eficácia plena que conhecemos não nos precede como a do "Direito Antigo". A tutela desta eficácia jurídica, esta sim criada pelo homem, precisa ser elaborada também pelo mesmo homem que a inventou. Esta tutela se dá entre os brasileiros pela Carta Magna de 1988, documento elaborado por vontade popular com fulcro a disciplinar nossa convivência em uma harmônica busca do fim comum do Estado Democrático de Direito: a promoção de justiça social.

A eficácia das normas elaboradas por seres humanos necessita da determinação e até mesmo de certa dose de fé das pessoas, culminando no consenso de grande parte daqueles que se submeterão aos seus desígnios, pois, do contrário, a regra é constantemente desprezada e, posteriormente, já desprestigiada, perde a sua eficácia. Em outras palavras: se não podemos dominar o tempo, podemos ao menos escolher a maneira que o iremos acompanhar por convenções.

O tempo faz parte do "Direito Antigo", enquanto o relógio e o calendário, do "Direito Humano Elaborado". Para os católicos, por exemplo — referidos por tratar-se de esmagadora maioria religiosa em nosso país — estamos na iminência de adentrar na segunda década do nosso segundo milênio. Já os judeus — outra parte significativa e influente de nossa sociedade — contam o tempo numa ampulheta maior pela qual já estaríamos no ano de 5.768! Ou seja, a eficácia do tempo provém de um Direito que nos precede, isto é, de um "Direito Antigo", e estará eternamente, por este ordenamento jurídico num sentido amplo, garantida em seus plenos efeitos — muito embora não saibamos o porquê disso. De outro lado, o modo de contagem desta regra imposta — qual seja a do tempo — só depende da nossa própria vontade e, posterior convencimento e convenção, seja por meio de um ou outro tipo de relógio, ou mesmo disposição de um calendário ou outro.

Mudando de calendário para lei, poderemos notar que as semelhanças se mantêm. Nós escolhemos, por exercício de nossos livres arbítrios, os nossos próprios comportamentos e aqueles que consideramos de maior valia; buscamos proteger em razão do sofrimento já experimentado, pelo aprendizado adquirido e pelo costume de experimentar, aprender e se convencer do aprendizado para alcançarmos desenvoltura.

Foi desta forma que, depois de sofrer com uma colonização fria e cruel por mais de 300 anos, resolvemos nos tornar um país independente e quando, finalmente, conseguimos, chegamos à tamanha desorganização que sofremos um duro golpe militar, estabelecendo as suas regras, ditando condutas, naturalmente, de maneira extremamente repressora, mais ou menos como na época da mencionada colonização, somente trocando-se "Manuéis por Coronéis".

O brasileiro muito sofreu com as experiências suprarreferidas, mas se falamos no passado, provavelmente, é porque já se adquiriu algum conhecimento decorrente do aprendizado resultante das experiências sofridas. Reforça tal entendimento, por exemplo, a análise meticulosa de nossa Constituição Federal de 1988, pois, sucedendo um período de instabilidade, insegurança e repressão das liberdades individuais, tutelou-se como o primeiro dos quatro objetivos fundamentais de nossa República, a construção de uma sociedade livre, justa e solidária, ou seja, justamente, aquilo que mais ansiou a sociedade nos seus recentes períodos de sofrimento experimentado pelo autoritarismo colonial e ditatorial.

Durante o Brasil Colônia, ou mesmo na fase da ditadura, possuíamos diversas regras de comportamento consideradas de eficácia plena, as quais podiam nos desagradar, mas as aceitávamos porque, de alguma forma, por algum período, as toleramos ou com elas consentimos conviver. Com exceção das regras naturais impostas em nosso instigante planeta antes mesmo de aparecermos na Terra, todas as regras que criamos e reconhecemos depois disso necessitaram do apoio positivo, ou simplesmente passivo de muitos, para poder subsistir e gerar efeitos, ou melhor, para fazer valer a sua eficácia plena em qualquer hora e lugar.

As leis naturais do "Direito Antigo" possuem eficácia plena, imediata e heterônoma que não podemos deter ou invalidar nem que façamos de tudo para tanto. O contrário ocorre com as regras do "Direito Humano Elaborado", redigido e regido por pessoas, o que, fatalmente, pressupõe acordo de vontades expresso ou, ao menos, tácito para prevalecer e, assim, poder ter eficácia plena. Ou seja, descobrimos com o "Direito Humano Elaborado" — no sagrado dia em que resolvemos criá-lo — que podemos e devemos atribuir eficácia a determinadas situações da vida cotidiana, muitas das quais acabaremos, certamente, vivenciando, seja como indivíduo, seja como sociedade. Todavia, nosso ordenamento jurídico não possui a mesma força que o "Direito Antigo" e suas leis naturais, a não ser que em conjunto lutemos para proteger a eficácia atribuída às leis criadas por nosso "Direito Humano Elaborado".

Em oposição às leis naturais do "Direito Antigo", ressalte-se, nossas leis de "Direito Humano Elaborado" não serão tuteladas, a não ser que as queiramos ou, pelo menos, não as infrinjamos. As leis naturais já possuíam eficácia plena antes mesmo de as conhecermos, não havendo que se falar em infração a tais leis; todavia as leis humanas necessitam de outros humanos para fazerem-se valer com legitimidade, possuírem eficácia e produzirem os seus desejados efeitos.

Voltemos a falar das regras naturais do chamado "Direito Antigo" para podermos demonstrar melhor o que pretendemos ao final provar. As regras naturais do "Direito Antigo" podem ser entendidas ou como racionais ou como divinas, dependendo de quem as analise. Entretanto, nenhuma das nomenclaturas poderá ser completamente fiel ao que sabemos atualmente, por lógica ou mesmo por fé, a respeito da origem de tais leis do universo ou, como queremos denominar, naturais do "Direito Antigo".

O que tanto religiosos quanto céticos concordam, é que existem as leis da natureza, do tempo e do espaço, não tendo o *homo sapien* contribuído para tais regramentos; ou melhor, não temos nada a ver com essas imposições ou de Deus — para os primeiros — ou do planeta — para os últimos. Com um pouco de reflexão séria, saberemos em que grupo nos sentimos mais confortáveis em crer e integrar, pois, o fato é que as regras naturais do "Direito Antigo", entendidas como racionais ou entendidas como divinas, são imponentes demais para serem desprezadas, ignoradas ou negadas. Em que pese a obviedade de suas existências, como se demonstrará a seguir, nem religiosos nem céticos têm ainda respostas ao propósito das mesmas, o que nos leva a chamá-las, simplesmente, leis naturais do "Direito Antigo" como gênero compatível tanto com a corrente cética como com a religiosa.

Precisamos viajar agora numa retrospectiva histórica diferente e bem maior que a dos livros de história para fazermos, assim, um paralelo entre a eficácia das leis naturais do "Direito Antigo" e a eficácia das leis derivadas do nosso "Direito Humano Elaborado". Eis o que faremos.

Ao surgirmos, ou melhor, nascermos neste planeta, não somos — nem nunca antes fomos —, seres independentes e determináveis por si só. Tal afirmação se comprova pela análise concreta de qualquer criança recém-nascida, explicitamente, sem condições de subsistir com vida sozinha, isto é, sem um simultâneo e constante apoio. Dizendo de outra forma, sem um grande e devido esforço cuidadoso não sobrevivemos.

Os seres humanos são, naturalmente, criaturas frágeis quando ainda não desenvolvidas fisicamente e, principalmente, intelectualmente. É lógico! Não podemos nascer, pelo menos neste mundo chamado Terra, e já ir impondo as nossas próprias e originárias regras para determinar as nossas atuais e futuras condutas frente a um sistema de normas que já existe. Somente somos capazes de tais comportamentos depois de dominarmos as leis naturais do "Direito Antigo" que, como dissemos, já existiam antes mesmo do próprio homem.

O ser humano vem se desenvolvendo e progredindo desde a sua chegada ao planeta Terra por meio de esforços comuns de adequação, superação e ambição ao desenvolvimento. Todavia, a sua desenvoltura não nasce completa. Precisamos adequar e ambientar nossa existência às leis da natureza, às leis do tempo e às leis do espaço para, somente desta forma, conseguirmos nos desenvolver e, assim, utilizar dessa desenvoltura antes inalcançável. Os períodos de adaptação e superação, portanto, não são apenas característicos, mas necessários à nossa espécie pelo simples fato de não nascermos prontos para sobreviver. Estes dois períodos são fundamentais ao nosso futuro desenvolvimento e as leis naturais — determinantes para que tudo assim ocorra — provêm de um prévio sistema de "Direito Antigo" o qual não ajudamos a construir, mas passamos a integrar em algum momento — como outrora também fizeram os dinossauros, tragicamente extintos por uma lei natural da qual também não tinham controle ou influência.

As leis naturais do "Direito Antigo", outrossim, sempre existiram e para sempre existirão para todos aqueles que estiverem vivos no nosso planeta. Pelo exposto é que chamamos tais regras de naturais, havendo outros que as chamam de racionais e outros que as nomearam divinas, não obstante o fato de que no fundo consistem todas elas na mesma coisa.

As leis derivadas do "Direito Humano Elaborado" não são, portanto, perenes como as do "Direito Antigo".

Os céticos concordariam se exemplificássemos e explicássemos a constatação *supra* a partir da teoria da evolução de *Darwin*. Isto é, — para estes — deixamos de ser macacos para nos tornar humanos após longo período de adaptação, superação e desenvolvimento, isto é, a partir da compreensão abstrata das leis naturais do "Direito Antigo", as quais almejamos consolidar neste ensaio. Ora, se antes fomos macacos é porque humanos não existiam ainda. Logo, "Direito Humano Elaborado" preexistente aos humanos não seria algo razoável de se cogitar. A não ser, é claro, que tentemos reconhecer um "Direito Antigo" dos Símios! — como no famoso filme de ficção: O Planeta dos Macacos. Os religiosos, por sua vez, teriam de concordar que, quando Deus criou Adão do barro e Eva de uma costela, os humanos não tinham ainda as suas regras próprias preestabelecidas por eles mesmos. As leis naturais do "Direito Antigo" já existiam e até Adão e Eva um dia tiveram de adaptar-se a elas.

Mesmo aqueles que acreditam piamente que um dia a Terra já foi um paraíso chamado Édem — e que de lá fomos expulsos — também precisam enxergar as regras que lá se faziam respeitar por si só. Certamente não fomos expulsos daquele lugar onde tudo era feito de paz e de amor porque assim quisemos e definimos por lei humana, mas sim porque, por algum motivo realmente muito importante, comer maçã no paraíso era considerado crime e punido com banimento! Seja como for, tenha sido como pensam os céticos ou os religiosos, jamais conseguiremos nos livrar das leis naturais do "Direito Antigo", ao passo que das leis do "Direito Humano Elaborado", até com certa facilidade, todos podemos nos esquivar e, assim, prejudicar suas eficácias.

Se a história humana na Terra é recente, que se dirá da história do nosso "Direito Humano Elaborado"? Nossos esforços comuns como raça nos permitiram chegar a tal estágio de evolução, qual seja o de poder — depois de adaptação e superação às leis naturais do "Direito Antigo" — desenvolver regras pertinentes às nossas próprias vidas e atribuir eficácia às mesmas. É fantástico!

Entretanto, devemos perceber que somente na vontade de subsistir e vencer as dificuldades impostas nos igualamos de um modo geral. Nossas atitudes frente à disputa por sobrevivência no domínio humano do planeta Terra podem ser e, efetivamente, são, muito diferentes, dependendo de cada indivíduo ou coletividade agente. Destarte, conforme o modo de pensar de cada pessoa e de cada nação, com base em todo um contexto de certo e de errado vigente em cada época — atualmente dividindo ocidentais e orientais —, agimos de maneira ora acertada ora equivocada, mas sempre em busca do mesmo propósito variante de desenvolvimento dentro de um contexto preestabelecido, este sim, por nós mesmos.

Não precisamos do Globo Repórter na Amazônia, numa sexta-feira monótona, para percebermos que sobrevivem não os que apenas querem, mas os que querem e, de fato, conseguem por meio de atitudes condizentes à realidade. E isso serve tanto para os animais como para nós humanos. Ambos sabem da existência de regras necessárias às suas sobrevivências. Os animais por instinto, os humanos por raciocínio.

Portanto, foi com o primeiro intuito de desenvolver nossa sobrevivência sustentável frente às impostas leis naturais do "Direito Antigo" que formulamos as primeiras leis derivadas de um "Direito Humano Elaborado". Este, como já dito, tem por característica peculiar a sua mutabilidade, ao revés do que ocorre com as leis naturais de "Direito Antigo", que sempre foram e serão as mesmas. Nosso Direito é baseado em premissas momentâneas que por razões plausíveis em determinados momentos históricos se fazem preciosas a toda uma coletividade.

O legislador constituinte de 1988 entendeu por bem que o trabalho deveria ser tutelado e se fazer constantemente mencionado por nossa Carta Maior. O art. 7º, inciso I, da Constituição Federal é um dos principais dispositivos referentes a um tema considerado de extrema relevância à melhoria das condições sociais em nosso país por tal legislador. Entretanto, nosso Direito precisa sair do mundo dogmático e encarar a realidade. Não podemos ler e reler a Constituição e acreditar que aquelas belas palavras, ordenadas e acomodadas por títulos, capítulos e artigos, sabem fazer valer sozinhas todo o significado de suas normas. As normas da Constituição, em tese, são belíssimas e existem por iniciativa humana, e mais, brasileira! Devemos nos orgulhar disso. Mas não deixemos que a boa fama dos ingênuos — como a das crianças — venha a ser desvirtuada para tornar-se um defeito daqueles que tapam os olhos para as gritantes desigualdades e desproporcionalidades entre texto legal e realidade social. Essa ingenuidade de achar tudo muito normal tem outro nome, chama-se hipocrisia. Façamos valer as nossas belas regras já consubstanciadas em uma Carta Suprema de Direitos Fundamentais. Lembremos do nosso primeiro período de adaptação e superação como seres humanos — que somos em comum — para buscar a evolução e o nosso desenvolvimento comum. Tal período de nossas vidas serve para preparar os nossos corpos e almas para os enfrentamentos que se farão necessários. Somente a partir desse entendimento é que poderemos, quem sabe, ambicionar um dia a resposta para o maior de todos os nossos mistérios. Mas para isto ser possível precisamos primeiro nos ambientar ao mundo e às suas situações, depois superá-las constantemente, para somente aí conseguirmos aprender a nos desenvolver o bastante para tentar entender tal mister e mistério: o real propósito de nossas vidas.

Nosso trabalho é muito maior do que a simples leitura de direitos descumpridos. Nosso trabalho é mudar o estereotipo de um Brasil de carnaval, futebol e eleições de brincadeira. Nosso trabalho é proporcionar trabalho à sociedade, propiciando justiça e dignidade a todos. Nosso trabalho é árduo e, certamente, ainda nos dará muito cansaço. E por meio deste trabalho científico o que se quer constatar, consolidar e defender é ainda muito singelo comparado às ações construtivas que terão de vir. Mas é também precioso ponto de partida para uma sociedade justa, livre e solidária e para um "Direito Humano Elaborado" e, acima disso, respeitado.

Que busquemos a proteção constitucional do trabalho com a mesma eficácia de lei natural do "Direito Antigo", mas entendendo-a como uma lei natural e eficaz do próprio homem.

DESENVOLVIMENTO ECONÔMICO E O DIREITO DO TRABALHO PRÊMIO BISA 2008 OUTORGADO PELA AMATRA 1ª R.

A Verdade
A porta da verdade estava aberta,
Mas só deixava passar
Meia pessoa de cada vez.

Assim não era possível atingir toda a verdade,
Porque a meia pessoa que entrava
Só trazia o perfil de meia verdade,
E a sua segunda metade
Voltava igualmente com meios perfis

E os meios perfis não coincidiam verdade...
Arrebentaram a porta.
Derrubaram a porta,
Chegaram ao lugar luminoso
Onde a verdade esplendia seus fogos.

Era dividida em metades
Diferentes uma da outra.
Chegou-se a discutir qual
a metade mais bela.

Nenhuma das duas era totalmente bela
E carecia optar.

Cada um optou conforme
Seu capricho,
sua ilusão,
sua miopia.
Carlos Drummond de Andrade

Introdução

Exaltando inspiração nas palavras de *Carlos Drummond de Andrade*[1], almejamos, a partir de um processo formal e científico, organizar de maneira objetiva pensamentos reflexivos acerca da complexa e paradoxal situação em que se encontram, atualmente, o Estado de Direito e a sociedade; e, em consequência, veremos que a própria norma fundamental se vê questionada num dilema perturbador.

Provavelmente, não solucionaremos por completo todas as dúvidas que poderão surgir ao tratarmos de tão polêmico assunto. Tampouco encontraremos, após este

---

(1) Disponível em: <www.memoriaviva.com.br/drummond/> Acesso em: 12 jun. 2008.

estudo, a verdade absoluta dos fatos agora postos em pauta e em discussão. Não evitaremos, entretanto, o enfrentamento à realidade dramática que ora se apresenta como uma espécie de corrida entre os direitos humanos — nesta tese, abordados na perspectiva dos direitos trabalhistas — e o mercado — sob a ótica do desenvolvimento econômico.

Com serenidade e respeito, iremos dispor nossas considerações de maneira arrojada e instigante, procurando acender a chama do espírito curioso e ansioso por conhecimento de todo prezado jurista. Com a saudável ganância de adquirir o saber, administraremos nosso entusiasmo em aprender a transmiti-lo e quiçá modificá--lo positivamente.

Em que pese a advertência do poeta indicar que jamais alcançaremos a total e irreparável verdade dos fatos, garantimos a procura incessante por verdades parciais fundamentadas na razão e na honestidade argumentativa. Pretendemos, assim, contribuir e acrescentar emoção aos importantes debates, que não parecem possuir ainda data marcada para acabar em consenso. Analisaremos a relação entre os direitos humanos trabalhistas e a globalização utilizando-nos, por vezes, de metáforas ilustrativas com o intento de tornar a pesquisa mais interessante e propiciar à celeuma uma visão comparativa e moderna.

As corridas de Fórmula 1 começaram a ser disputadas na Europa no início do século XX. Todavia, durante a Segunda Guerra Mundial, as tradicionais competições tiveram de ser suspensas, sendo que em 1950 a Federação Internacional de Automobilismo organizou o 1º Campeonato Mundial de Pilotos, que iniciaria em Silverstone, no Grande Prêmio da Inglaterra. Foram sete corridas até Giuseppe Nino Farina consagrar-se campeão mundial em um Alfa Romeo da época.[2]

Mesmo sem ter carroceria, pneus e espelhos acoplados, o Estado de Direito também já correu diversas "pistas" desde a sua invenção e ratificação por meio do primeiro contrato social firmado pelos homens.[3] A cada volta, a cada vitória e a cada derrota, o homem amadureceu e se desenvolveu a ponto de organizar as suas desavenças em prol da comunidade, estabelecendo direitos e garantias fundamentais, além dos meios para efetivação real de tal propósito ideal. Todavia, a evolução — como a verdade de *Drummond* — arrebentou e derrubou todas as portas que a prendiam, e, ignorando as resistências, o mercado também se desenvolveu, assistindo e tirando lições de cada "pista" percorrida ao longo da curta história humana na Terra.

Hoje, vivenciamos no ápice mercantil uma conjuntura social de tensão flagrante. O Estado de Direito acabou sendo barrado pelo sistema da mais nova "pista" inaugurada no planeta; e, pelo menos por enquanto, está fora da disputa. Nela, vão se arriscar correndo os direitos humanos e o mercado: ambos em direção à obtenção de seus fins, notadamente, antagônicos.

---

(2) Disponível em: <http://pt.wikipedia.org/wiki/Hist%C3%B3ria_da_F%C3%B3rmula_1> Acesso em: 20 jun. 2008.
(3) ROUSSEAU, Jean-Jaques. *O contrato social*. 4. ed. São Paulo: Martins Fontes, 2006.

A mais nova "pista" ainda brilha devido ao pouco tempo de uso e aos pesados investimentos despendidos, diariamente, por seus inúmeros patrocinadores. Em suas curvas bem delineadas, porém, esconde o descaso, a corrupção e a miséria de milhões de pessoas excluídas do evento sem qualquer explicação.

O Grande Prêmio mais difícil do mundo está pronto para a corrida e é exposto em propagandas por todos os lugares que passa. Os motores estão ligados, a plateia extasiada e os "pilotos" repletos de adrenalina em seus corpos, pois, a "Pista Globalização" agora é sim uma verdade incontroversa.

A reestruturação da produção e de toda a organização e gestão do trabalho — acentuada no Brasil nos anos 90 —, como consequência direta das transformações ocorridas no sistema capitalista — compreendidas, especialmente, no final do século XX —, situar-nos-á na tentativa de compreender um fenômeno que enseja a máxima atenção dos juristas e sociólogos habilitados a discuti-lo: a precarização das relações de trabalho.

No âmago deste panorama preestabelecido, veremos que as relações de trabalho foram modificadas e revistas para atender às exigências do sistema capitalista vigente, o que resultou num grupo de implicações em todo o padrão que até então vigorava, diminuindo a mão de obra assalariada e a respectiva proteção social e empurrando trabalhadores para a informalidade.

Dentre os diversos desdobramentos provindos dos fenômenos supracitados — atendendo ao tema alvitrado pela visão singular dos acadêmicos trabalhistas — vamos nos aventurar à abordagem específica de duas complexas questões ("pejotização" e informalidade), estabelecidas no mote da economia globalizada que em nosso país, aos poucos, vem se inserindo.

O sustentáculo deste estudo fundamenta-se no propósito de identificar como os trabalhadores estão sendo atingidos por essa gama de mudanças e transformações nas relações de produção e organização do trabalho, configurando-se, assim, a difundida precarização.

Dentre as situações resultantes deste período de incertezas é que pretendemos compreender na realidade do mercado de trabalho brasileiro os fenômenos da "pejotização" e da informalidade, que ora ensejam o esforço conjunto de doutrina e jurisprudência para a construção de novos conceitos e teorias capazes de atender às necessidades atuais e suas implicações.

Dando seguimento à figuração proposta já nesta introdução, o capítulo 1 nos remeterá à meditação acerca do surgimento e da consolidação do Estado de Direito, enfatizando-se as diversas acepções que o mesmo assumiu ao longo da história.

No capítulo seguinte, sob a égide de respeitáveis pensadores, fixaremos atenção à Revolução Tecnológica e à precarização do trabalho, demonstrando que ambos os fenômenos constituem-se em pressupostos ao debate sobre a informalidade e a "pejotização". Em seguida, ainda no Capítulo 2, abriremos um paralelo para sintetizar as principais características do processo de desenvolvimento da globalização econômica que, nos termos da pesquisa, será, por vezes, referida como a "pista" da atualidade.

Antes de focarmos nas questões centrais deste estudo, cuidaremos, ainda, das mudanças conceituais que, alterando a natureza semântica das palavras, vêm sendo difundidas e patrocinadas pelo capital com a clara tendência de tentar justificar as iniquidades sociais sem o comprometimento do sistema político neoliberal. A discussão sobre a flexibilização também se insere na conjuntura das transfigurações da modernidade, dentro da qual, igualmente, serão ponderadas a evolução e as consequências advindas dos anos 90.

Estaremos, enfim, aptos a ingressar no debate acerca da informalidade, visualizando as modificações dos últimos anos no mercado de trabalho e indicando noções para a superação de um fenômeno provocado pela crise capitalista e que a cada dia mais se afirma como uma realidade duradoura à sociedade brasileira.

A partir do enaltecimento dos requisitos do contrato de trabalho — especialmente da subordinação e da pessoalidade — lançaremos indagações a respeito da "pejotização", tendo em vista a problemática dos auditores fiscais do Poder Executivo e a prestação de trabalho intelectual.

O encadeamento de ideias que irá sustentar nossa posição durante todo o trabalho se consubstancia nos fins principiológicos, que exaltaremos no capítulo 6 desta obra, antes de expor as nossas últimas e conclusivas considerações.

Finalmente, entendemos seja profícuo, para os desígnios deste estudo, que nos voltemos ao pensamento e à meditação a respeito da norma fundamental e dos desafios ora enfrentados pelo Estado de Direito frente a este embate, luta, ou mesmo, corrida, como estamos representando, a ser travada entre os direitos humanos e o mercado capitalista.

1. Estado, economia e sociedade: as "pistas" percorridas

A organização e estruturação de um sistema, vigente e atuante em uma determinada comunidade política, dão-se a partir do que entendemos por norma fundamental do Estado de Direito, racionalizando, unificando e validando todas as demais normas jurídicas. Assim, preocupando-se em resolver os dilemas de um dado povo em uma dada fase histórica, as Constituições precisam respeitar a evolução e as experiências passadas, atender às exigências e necessidades presentes e, igualmente, servir de base instrumental à realização de um futuro social digno e próspero.

Luis Legaz y Lacambra nos propõe a seguinte reflexão:

O Estado de Direito é um dos mistérios da ciência política; é, na esfera da ciência do Direito e do Estado, o que na Teologia é o mistério do Deus--Homem, o mistério do Criador da Natureza submetido à natureza. Deus e

Homem verdadeiro diz o Credo; legislador, e, não obstante, submetido à lei, afirma a teoria política.[4]

Concebendo-se o Direito e o Estado como realidades diversas, poderemos entender melhor a natural submissão do Estado — detentor do poder — ao Direito criado e disciplinado pelo detentor do poder. Outrossim, o Direito deve estar a serviço da comunidade, garantindo a liberdade e a segurança jurídica a fim de possibilitar o desenvolvimento comum. Para tanto, o Estado se organiza, regula e estabelece as suas regras, obedecendo a princípios que advêm do direito à liberdade, igualdade, fraternidade, cidadania e propriedade num governo independente e pautado na separação dos poderes.

Dessarte, ao escutarmos a expressão Estado Democrático de Direito, conforme dispõe a Carta Magna de 1988, devemos lembrar que estamos, teoricamente, tratando de uma ordem jurídica democrática, cujo império da lei decorre da vontade popular, esta última, garantida em razão de direitos e liberdades fundamentais à afirmação do princípio da legalidade como o garantidor do maior de todos os princípios: a dignidade humana.

Pablo Lucas Verdú nos esclarece:

O Estado de Direito, em qualquer das suas espécies: Estado Liberal de Direito, Estado Social de Direito, Estado democrático de Direito, **é uma conquista**. Quero dizer que cada um deles **se estabeleceu**, ou tentou estabelecer-se, **lutando contra estruturas de poder contrárias**, a saber: Estado Liberal de Direito, frente ao Antigo Regime; Estado Social de Direito, contra o individualismo e o abstencionismo do Estado Liberal; Estado Democrático de Direito que luta com as estruturas sociopolíticas do anterior: resquícios individualistas, neocapitalismo opressor, sistema estabelecido privilegiado.[5] (grifos nossos)

Podemos perceber — diante das palavras do mestre espanhol — que a consolidação do que recém caracterizamos por Estado de Direito só veio a ser alcançado após períodos históricos sucessivos de muita luta entre os interesses predominantes em cada época.

Desta forma, ao surgir confrontando o Estado absolutista, o Estado de Direito traz como fundamento a limitação do poder do Estado pelo Direito, mas não a possibilidade de qualquer legitimação por meio de lei. Ao contrário! Em que pese a legalidade ser princípio basilar de todo Estado de Direito, o conteúdo das normas precisa atender e, acima disso, jamais desrespeitar ou ferir os valores pelos quais a ordem jurídica foi estabelecida.

O liberalismo puro se mostra incapaz de garantir o efetivo cumprimento dos direitos naturais dos seres humanos que, apesar de livres e iguais quanto ao aspecto formal, continuam à mercê de uma gritante desigualdade material.[6]

---

(4) LACAMBRA, Luis Legaz y. *El Estado de derecho en la actualidad.* Madrid: Reus, 1934. p. 12.
(5) VERDÚ, Pablo Lucas. *La lucha por el Estado de derecho.* Bolonia: Real Colegio de España, 1975. p. 131-132.
(6) LENZA, Pedro. *Direito constitucional esquematizado.* 10. ed. São Paulo: Método, 2006. p. 531.

O Estado Social de Direito[7] passa a intervir na sociedade com intuito de assegurar maior atenção aos direitos sociais de segunda dimensão. Mas a mais ampla ambição de garantia jurídica dos direitos humanos veio a ser conquistada com o advento do Estado Democrático de Direito.[8]

Pretendemos demonstrar que a "volta de apresentação" já teve início, expondo as intenções explícitas e implícitas dos "pilotos" e de suas "equipes" por meio das marcas deixadas propositadamente na "pista". As posições no *grid* já foram definidas e luzes vermelhas encontram-se acesas e prontas para serem apagadas até que se acenda a luz verde e, finalmente, seja dada a largada!

Em termos de tradução do metafórico parágrafo anterior, podemos declarar com firmeza que a globalização já é uma realidade palpável; os ânimos e caprichos do mercado capitalista também; a indigência social é evidente e alarmante; e o Estado de Direito, com suas instituições enfraquecidas, encontra-se sem rumo, ora omisso, ora impotente.

Estamos juntos nesta nova corrida que, em outras "pistas", já foi travada pelo liberalismo em face do absolutismo despótico, passou pelas devastações das guerras mundiais, e hoje, na "Pista da Globalização" — forjada na Era da Informação — faz com que os direitos humanos — em seus mais variados aspectos, inclusive, em relação aos direitos sociais trabalhistas — tenham de enfrentar o seu maior desafio, qual seja o de ultrapassar, controlar e vencer um competidor nato, ardiloso, dissimulado, inescrupuloso e impiedoso em suas ações; e que a cada novo dia se torna mais poderoso e influente em meio a uma sociedade anômala, perdida e sem ideais bem definidos: o mercado.

2. Trabalho e capitalismo: pressupostos para a discussão magnate

Faz-se necessária, antes dos debates centrais do estudo, a prévia contextualização e análise das mudanças no mercado de trabalho, tendo por base os acontecimentos mais importantes em âmbito internacional para, posteriormente, avaliarmos a realidade brasileira e aprofundarmos o aspecto que mais chama à atenção para as discussões em pauta: a precarização do trabalho.

Dentro do último quartel do século XX, iniciou-se um importante movimento gerador de intensas alterações nas sociedades envolvidas, tendo sido, inclusive, comparado à Revolução Industrial do século XVIII em termos de representatividade e de evolução. *Castells* denomina esse processo de Revolução da Tecnologia da Informação. Toda a base material até então estabelecida na sociedade veio a ser remodelada por essa Revolução Tecnológica, modificando estruturalmente as ligações e conexões entre Estado, economia e sociedade.

---

(7) BONAVIDES, Paulo. *Curso de direito constitucional*. 12. ed. São Paulo: Malheiros, 2002. p. 336.
(8) MORAES, Alexandre de. *Direito constitucional*. São Paulo: Atlas, 2004. p. 53.

Dentre os diversos aspectos a serem frisados como característicos dessa nova fase destacam-se os seguintes: maior flexibilidade de gerenciamento; descentralização das empresas; fortalecimento do capital frente ao trabalho; enfraquecimento dos movimentos de trabalhadores; diversificação das relações de trabalho; desfazimento do Estado do Bem-Estar Social; e aumento da concorrência econômica global.

A crise do fordismo, externado especialmente no período sucessivo à Segunda Guerra Mundial, forçou o sistema capitalista a procurar novas formas de produzir e organizar o trabalho. Como apontaria *Lipietz*, o modelo de Estado de Bem-Estar Social encontra-se sustentado por um tripé, qual seja: um modelo de organização do trabalho, um regime de acumulação e um modo de regulação, prevendo, dessarte, garantias básicas aos trabalhadores, tais como auxílio aos desempregados e pensão aos obreiros já aposentados.

No fordismo a atividade de produção é organizada de maneira a distribuir trabalhadores e peças em uma conhecida forma de esteira, intensificando a velocidade e o ritmo de trabalho e racionalizando a produção — nos mesmos moldes tayloristas — demarcando claras barreiras entre a concepção intelectual da produção e a sua execução pelos trabalhadores manuais, atribuindo-se a estes últimos, usualmente, a responsabilidade por tarefas de cunho estritamente repetitivo.

A incapacidade de reprodução do capital investido, no final dos anos 60, acabou propiciando a crise do fordismo em razão de diversos motivos, dentre os quais ressaltamos: o aumento do desemprego e a consequente elevação dos gastos do *Welfare State* conjugados à intensificação dos métodos de trabalho e a resistência dos trabalhadores a tal situação.

Verificou-se uma série de reformas entre os anos 70 e 90, evidenciando o processo de reestruturação do capitalismo em direção à privatização e desregulamentação, pretendendo-se, assim, reforçar a lógica — inerente ao sistema capitalista — de auferir lucro nas relações entre capital e trabalho, aumentar a produtividade dos trabalhadores e globalizar o mercado em detrimento da proteção social e, outrossim, das próprias normas (cogentes) de interesse público.

Substituindo o fordismo, foram levados a cabo novos modelos de produção, tais como: o sueco, o italiano e o japonês. Nesse cenário de reorganização do trabalho, a palavra "flexibilidade" começa a ganhar destaque, implicando nas relações de trabalho as interações entre oferta e demanda, que determinariam os salários e, igualmente, as ocupações dos trabalhadores, ensejando a autorregulamentação do mercado em menoscabo de quaisquer fatores exógenos, tais como a intervenção estatal e os movimentos sindicais.

Nesse sentido, a flexibilização demonstra a sua primeira ligação à própria "pejotização", pois tal fenômeno — questionador dos tradicionais princípios trabalhistas, especialmente o princípio da realidade — nada mais seria do que um novo juízo acerca da relação laboral ortodoxa, atribuindo-se à legislação infraconstitucional (art. 129 da Lei n. 11.196/05) uma interpretação que tenta contornar o marco institucional regulamentador das relações laborais explicitado na CLT.

Além disso, como reflexo da transformação das cadeias de produção, também podemos relacionar a flexibilização com o fenômeno da informalidade, que se desenvolve e se expande de maneira descontrolada e expressiva, propiciando, dentre outras tendências: a redução da geração de empregos qualificados e formais; a continuidade da flexibilização da mão de obra, objetivando a sua transformação em componente variável do custo final dos produtos; e a recíproca relação entre agentes econômicos formais e informais, aferindo abrigar o trabalho informal e a mão de obra mais barata na base das cadeias produtivas.

As manifestas modificações na organização do trabalho trazem inseguranças e incertezas às relações de trabalho em suas mais variadas esferas. Em que pese a maior autonomia dos trabalhadores possa enquadrar-se como um aspecto positivo, os aspectos negativos prevalecem: a insegurança no trabalho; o aumento de contratos por prazo determinado; a queda dos salários; e o estresse laboral em virtude da intensidade exacerbada no ambiente de trabalho.

Nesse sentido, a lição de *Castells* (1999, p. 502-3):

O informacionalismo, (...), leva à concentração e à globalização do capital exatamente pelo emprego do poder descentralizador das redes. A mão de obra está desagregada em seu desempenho, fragmentada em sua organização, diversificada em sua existência, dividida em sua ação coletiva.

Outro autor que analisa as repercussões da desestabilização do emprego e das transformações socioeconômicas do período histórico em tela é o francês *Robert Castel*, que fundamenta as suas constatações a partir das consequências experimentadas na Europa após o início da globalização.

Ao explicar a denominada "questão social" *Castel* (1998, p. 30) argumenta de maneira brilhante e esclarecedora:

A questão social é uma aporía fundamental sobre a qual uma sociedade exprime o enigma de sua coesão e tenta conjurar o risco de sua fratura.

Assim, para este autor, a questão social estaria atrelada à ameaça da função integradora do trabalho no contexto social, que acarreta o prenúncio de perigo da chamada sociedade salarial, — construída no final do século XIX, dando ao trabalho o *status* de emprego — da Seguridade Social, e do próprio Direito do Trabalho, por estarem todos condicionados pelos processos de globalização e internacionalização do mercado. Destarte, emerge a precarização do trabalho, ganhando força e se desenvolvendo com todo o respaldo da política neoliberal consagrada no sistema capitalista vigente.

As recentes transformações no mundo do trabalho, portanto, podem ser atribuídas, em grande parte, à reestruturação dos processos produtivos e à postura adotada pelo modelo político neoliberal, que elege e dimensiona o mercado como a maior instância de regulamentação da vida em sociedade na atualidade.

A recente inserção do Brasil na economia globalizada tem conduzido à precarização das formas de ingresso da população economicamente ativa no mercado de trabalho como um dos desdobramentos deste fenômeno. Disso resultam desemprego, desregulamentação (na forma de "pejotização", p. ex.), exclusão social e informalidade.

2.1. Mapeando a "pista" e remontando a globalização

A fim de sintetizar historicamente o fenômeno da globalização, deveremos voltar à época em que as caravelas portuguesas e espanholas ainda aventuravam-se nos mares desconhecidos e engendravam-se como grandes potências da navegação. Desde então, o capital começa a ser internacionalizado para atender à política mercantilista e, assim, combinavam-se nas expedições o investimento dos Estados e também de particulares.

O poder dos Estados, cujas bases de concepção foram lançadas nos Tratados de Paz de Westfália, em 1648, era fortalecido por meio de constantes alianças e guerras por disputa de influência e riqueza, evoluindo-se, destarte, o comércio internacional[9]. Pouco antes do início do século XIX, pensadores iluministas como o inglês *Adam Smith* sustentaram a livre regulamentação do mercado (*laissez-faire*, *laissez-passer*), difundindo a ideia de afastamento estatal da atividade econômica, reforçando o liberalismo e o individualismo.

A economia global integrou-se cada vez mais a partir da absorção dessa nova concepção econômica, ampliando-se a produção e promovendo-se a industrialização de diversos países. A ascensão liberal expandiu a economia mundial, facilitada pela evolução da comunicação e dos meios de transporte em meados do século XIX.

O primeiro incidente marcante para a visualização da globalização econômica como uma realidade eclodiu nos anos seguintes ao término da Primeira Guerra Mundial. Deste conflito bélico, envolvendo, especialmente, países europeus, quem findou vencedor foram os Estados Unidos depois de estabelecer e fixar metas de recuperação à Europa por meio do Plano Marshall. Face aos empréstimos americanos, a economia europeia vivia uma época ruim em que dependia destes recursos, enquanto os Estados Unidos produziam a todo vapor. Desta incongruência resultaria um mercado com excesso de oferta em relação à demanda interna americana, e culminaria com a ruína catastrófica de 1929 sentida em toda economia mundial. Devido à crise do liberalismo econômico, foram cultivados e propagados na Europa os regimes Nazista e Fascista que conduziriam a mais uma Guerra Mundial, agora em 1939.

Para regrar e equilibrar o sistema financeiro internacional no período pós--Segunda Guerra, realizou-se a Conferência Monetária e Financeira das Nações Unidas,

---

(9) CHIARELLI, Carlos Alberto. *Temas contemporâneos na sociedade do trabalho*. São Paulo: LTr, 2007. p. 259.

ainda no final do conflito, em 1944, afirmando-se as bases da nova economia mundial. No Acordo de Bretton Woods foram criados o Fundo Monetário Internacional (FMI), o Banco Mundial (BIRD) e, em 1947, o Acordo Geral sobre Tarifas e Comércios (GATT), substituído, em 1995, pela Organização Mundial do Comércio (OMC).

O alicerce da Revolução Tecnológica foi fundado dentro do período de glórias, compreendido nas três décadas sucessivas ao término da Segunda Guerra Mundial, em que os investimentos industriais em tecnologia eram estimulados pelo aumento da oferta e a diminuição dos custos com a produção. A partir dos anos 70, a rede global estabelecida pela conexão de informática e telecomunicação interligou o mundo financeiro, que passa a funcionar em tempo real, superando antigas barreiras de tempo e de espaço e possibilitando que as novas tecnologias sejam potencializadas, difundidas e reinventadas.

Rubens Ricúpero salienta três esteios do atual processo de globalização:

O primeiro é o crescimento do comércio mundial nos últimos trinta anos a taxas mais altas que o crescimento da produção mundial, o que indica um grau maior de interdependência. O segundo elemento é o crescimento enorme dos investimentos, muito maior que o do comércio, sobretudo na última década, principalmente das empresas transnacionais, tornando-as mais atuantes em cenários muito diversificados, graças aos avanços das comunicações e dos transportes, tornando obsoleta a noção de produção puramente nacional. O terceiro elemento da globalização, de crescimento mais astronômico que o comércio e os investimentos, é o surto das transações financeiras internacionais [...].[10]

O ingresso dos países emergentes no mercado internacional, por meio desse processo de globalização, apresenta-se como uma das metas do Consenso de Washington e proporcionou novas possibilidades aos países subdesenvolvidos. Entretanto, agravaram-se as desigualdades sociais e tais economias se tornaram ainda mais dependentes do chamado "Primeiro Mundo".

3. O Direito do Trabalho e as transfigurações da modernidade

A práxis do trabalho — correspondendo, na filosofia marxista, ao conjunto de práticas desenvolvidas pelo ser humano à transformação da natureza e de si próprio — compendia as inter-relações humanas com seus semelhantes e com o seu meio ambiente. As diferentes formas de propriedade, isto é, as existências daqueles que detêm poder sobre os meios de produção e daqueles outros que dependem tão somente de sua força de trabalho, determinam a difundida e estabelecida divisão do trabalho, que — sem restringir-se a uma mera divisão de atribuições — constitui-se num marco histórico originário das gritantes desigualdades sociais, hoje experimentadas.

---

(10) Disponível em: <http://www.normangall.com/brazil_art3.htm> Acesso em: 23 jun. 2008.

A crise capitalista iniciou-se na década de 1970 e manifestou acontecimentos significativos durante a década de 1980. Referida crise assinala uma problemática de cunho político, econômico, social e jurídico, embrutecida tanto pela prostração do Socialismo real quanto pela languidez, ou mesmo, pelo cansaço do bem-sucedido período de acumulação capitalista. As enérgicas alterações engendradas, especialmente, nas últimas três décadas são perceptíveis e alardeadas por todos os lugares de nossa sociedade contemporânea. O neoliberalismo apresentou, porém, o seu caráter destrutivo ao desencadear o aumento do desemprego, do trabalho informal e da precarização do trabalho por meio de sua reestruturação produtiva.

Entretanto, nem sempre foram e ainda não são todas as convicções inteiramente concordantes aos dogmas do capitalismo. A propósito, convém fazer um paralelo acerca do movimento sindical brasileiro, ao final da ditadura de 1964, sob a ótica de *Armando Boito Jr.* (Hegemonia neoliberal e sindicalismo no Brasil, *apud Crítica marxista* (Revista), São Paulo: Brasiliense, 1996. v.1, p. 84):

> Na década de 1980, o essencial do campo sindical combativo já estava organizado na Central Única dos Trabalhadores (CUT). (...) Nesse campo combativo representado pela CUT também se fez sentir o impacto do Neoliberalismo. (...) É preciso frisar, desde já, que a CUT não se converteu numa central sindical neoliberal. Pelo contrário, a ação sindical de resistência ao neoliberalismo só tem sido implementada pelos sindicalistas cutistas. Contudo essa resistência tem sido ineficaz. (...)

Percebe-se que presentemente os tempos são outros e, no Brasil, aqueles que resistem ao sistema neoliberal não mais são perseguidos por suas opiniões políticas discordantes. Todavia, como bem observa *Nelson Werneck Sodré*, em sua obra "A Farsa do Neoliberalismo", ao contrário dos "destoantes" de outras épocas os que se opõem à modernidade neoliberal vigente acabam apenas taxados de anacrônicos ou mesmo de seres excêntricos, em que pese ainda sintam-se acuados — não mais por um governo intolerante — pelo sucesso de uma boa mentira global.

Aspiramos, no transcorrer do estudo, responder ainda as seguintes indagações: qual o real significado da queda do muro de Berlim; e dos termos globalização e mundialização na era da informação? A liberalização da economia mundial estaria a esconder interesses ideológicos?

3.1. O desenrolar dos anos 1990

Os anos 1980 não foram bons para o regime socialista — fadado à crise — então consolidado na União Soviética. *Gorbachev* chegou a esboçar uma reforma econômica de abertura política — Perestroika — demonstrada insuficiente à reabilitação da crise instaurada. Em 1989 a Alemanha reunificou-se, derrubando-se o muro de Berlin, como consequência marcante de um processo desenvolvido gradualmente por uma sequência de descontentamentos das áreas de influência da União Soviética.

Terminada a Guerra Fria, a União Soviética acabou desmembrada e os Estados Unidos da América emergiram como a maior potência, nos aspectos político, econômico e militar, de uma nova organização mundial.

O grande vencedor na queda do muro de Berlim não foi o mero anseio de liberdade, a ser proporcionado pela expansão da democracia liberal. Ao derrubar-se um marco da (des) inteligência humana, caiu também por terra todo um conjunto de ideias; e a concepção econômica capitalista ganhou e invadiu novos mercados, anulando as possíveis formas de resistência à sua expansão. Assim, a linguagem foi alvo de novas conceituações, atribuindo-se à semântica das palavras determinadas significações que atendessem à ideologia do capital.

Já se tornaram usuais os termos globalização e mundialização, utilizados em diferentes contextos, como se fossem sinônimos. Entretanto, tais vocábulos têm diferentes significados. Enquanto a mundialização descreve a estratégia mundial traçada pelas grandes empresas de atuar em rede, distribuindo os mesmos produtos (materiais e imateriais) para todas as partes do globo, a globalização refere-se à ideologia, que vem sendo imposta à população mundial, marcada pela tentativa de uniformizar as sociedades, como se estivéssemos diante de uma necessária, neutra e submissa "vila global" da qual, querendo ou não, fazemos e faremos parte.

Questionando-se acerca das tendências do futuro, o Juiz do Trabalho aposentado da 3ª Região *Sérgio Alberto de Souza* (A depreciação do trabalho: precarização, exclusão e desemprego. *Revista Anamatra,* n. 32, 1997. p. 30) estabelece uma distinção profícua e salienta:

> Uma coisa é afirmar o triunfo da sociedade de mercado; outra, totalmente diferente, é dizer que a sociedade deve ser regulada como um mercado e, portanto, ser liberal. De fato, somos submetidos a uma intensa campanha ideológica que tenta nos convencer de nosso ingresso na sociedade global e da irrefreável tendência do planeta em tornar-se uma imensa zona de livre comércio.

Para justificar todo o sistema capitalista e o modelo político neoliberal, os idealistas destas acepções trazem as suas concepções para um universo abstrato — anterior à própria práxis do trabalho orientada a um resultado — de modo que o discurso neoliberal, conjugado à tradicional divisão do trabalho, torna-se inquestionável diante da separação entre trabalho material e trabalho espiritual.

Ainda que desgostoso seja, devemos reconhecer que a ideia é mesmo brilhante, pois, destarte, o sistema capitalista se abstém da responsabilidade de proporcionar as condições materiais de existência digna aos seres humanos e, ao mesmo tempo, legitima-se a assumir as rédeas da economia para ditar as regras à sociedade e impor respeito! As incoerências do sistema, sutilmente, vão tornando-se "normais" pela abstração dos conceitos, deixando de ser contestadas pela sociedade. Apesar de berrantes à vista, permanecem numa espécie de penumbra, inatingíveis e escondidas graças à impressionante força das palavras...

Em âmbito brasileiro, a ampliação da capacidade produtiva a fim de proporcionar o almejado crescimento econômico depende de diversas condições como: aperfeiçoamento da mão de obra; convalescimento infraestrutural; melhoramento da tecnologia produtiva; e estabilização macroeconômica. Entretanto, a questão social ocupa um papel essencial para que tal crescimento seja sustentável, devendo envolver projetos de recuperação das condições materiais da população de baixa renda, aprimoramento dos serviços públicos básicos e ampliação dos mecanismos de representação e participação popular, na esperança de amortecer os impactos do poder econômico sobre os processos decisórios do Estado, patrocinando-se, assim, a reabilitação da enfraquecida soberania nacional.

3.2. As influências flexibilizadas

Os reflexos da modernização das relações de trabalho face à crise capitalista modificam e preocupam a economia mundial, trazendo, naturalmente, as suas reproduções também ao âmbito do Direito do Trabalho.

Incriminado como uma das fortes razões de atravancamento da atividade econômica, o Direito do Trabalho está na mira dos setores patronais já há algum tempo, pois, tais grupos acreditam que a proteção trabalhista, conferida aos empregados, constitui óbice para o desenvolvimento de seus empreendimentos, defendendo-se, outrossim, a sua flexibilização.

Com efeito, reconhecemos estar no âmago de questões como a da "pejotização" e a da informalidade essa dificuldade — acentuada pela flexibilização do trabalho — em conciliar-se mecanismos jurídicos que permitam a adaptação do setor empresarial às flutuações do mercado transnacional e a manutenção da sistemática protecionista característica do Direito do Trabalho sem que isso interfira de maneira negativa nesse ajuste das empresas às modificações do sistema econômico, de modo a assegurar, assim, as condições de acomodação e conservação de empregos formais e ampliação da capacidade de produção.

É em razão da aludida posição investigativa frente à flexibilização que ganha destaque a questão da "pejotização", recentemente trazida para o interior do ordenamento jurídico por meio da Lei n. 11.196/05, após período de intensa discussão acerca do § 4º do art. 6º da Lei n. 10.593/02, auferindo-se, assim, o prestígio da discussão que enseja a presente monografia jurídica.

Do mesmo modo, o enaltecimento da ampliação da informalidade também não deixa de ser um dos desdobramentos das transformações na economia atual, que intensificam a flexibilização da mão de obra nesta era da informação. O novo conceito de cadeia produtiva prejudica a qualidade dos empregos formais e reduz o desenvolvimento de novos, aumentando as desigualdades sociais e regionais e integrando na base das cadeias produtivas o trabalho informal numa relação constante com os agentes econômicos formais. Destarte, no intuito de colaboração à valorização do trabalho e de garantia da cidadania, contestar a informalidade, outrossim, enaltece o conteúdo dessa dissertação científica.

4. Construindo a questão da informalidade

A origem conceitual de setor informal foi configurada ainda nos anos 50, quando os economistas começavam a sustentar a natureza dualista das sociedades que emergiam ao processo de desenvolvimento econômico e de globalização. A dualidade das sociedades subdesenvolvidas manifestava-se pelo tradicional modo de organização e produção de trabalho, de um lado, e da modernidade impulsionada pelo desenvolvimento tecnológico, de outro. No antiquado setor tradicional os níveis de produtividade eram baixos, enquanto o setor moderno crescia e avançava a largos passos, promovendo a propagação da evolução tecnológica.

Acreditava-se que o setor moderno seria abrangente o bastante para eliminar o já obsoleto e ultrapassado setor tradicional de produção, liberando-se a mão de obra inútil de tal setor arcaico e remetendo-a ao novo setor de produção em ascensão. A ideia de dualidade, assim, era vista como um fenômeno passageiro que deixaria de existir a partir do desenvolvimento homogêneo da economia a ser disseminado nessas sociedades peculiares.

No começo dos anos 1960, entretanto, inicia-se a materialização de circunstâncias não previstas alhures. A industrialização conduziu ao crescimento da urbanização e, com isso, grande parcela dos trabalhadores não mais encontrava lugar na dinâmica em desenvolvimento. A má distribuição de renda e as diferenças regionais começam também a ser percebidas com maior notoriedade, demonstrando que a política nacional de substituição de importações pela industrialização seria ineficiente à resolução de tais problemas.

A economia brasileira ganha traços de heterogeneidade em virtude dessa grande massa de trabalhadores situados à margem do sistema de produção e submetidos a ocupações precárias e ao desemprego. A revolução tecnológica não seria capaz de abarcar a todos de maneira homogênea e o trabalho assalariado ganharia novos traços.

No desenrolar destes acontecimentos econômicos, a Organização Internacional do Trabalho (OIT) imprimiu e salientou o conceito de setor informal, que compreenderia um conjunto de atividades cujas características principais são: o reduzido tamanho do empreendimento; a facilidade de entrada de novos concorrentes; a inexistência de regulamentação; os baixos níveis de utilização de capital fixo; e formas não empresariais de propriedade.

A noção de informalidade adotada pela OIT não redundou em quaisquer tentativas de superação da marginalização urbana recém disposta. O objetivo da OIT não era este, mas sim alertar para o crescimento da informalidade, algo que ocorre, especialmente nos países subdesenvolvidos, muito embora não seja um fenômeno exclusivo destes.

A luta contra a informalidade envolve a implementação de políticas públicas tendentes a fortalecer o emprego e a economia nacional. Porém, a própria ideia conceitual de setor informal, por si só, constitui um problema complexo a ser, naturalmente, resolvido antes da proposição destas medidas.

Nos mesmos moldes firmados pela OIT, o setor informal utilizar-se-ia também do trabalho não remunerado de membros da família e/ou poucos empregados e aprendizes. O desenvolvimento das atividades dar-se-ia com a manutenção de parcos níveis de capital e baixo nível de tecnologia. Dessas circunstâncias resultaria a baixa qualificação e a menor produtividade dessas ocupações instáveis e precárias.

Em 1993, a 15ª Conferência Internacional de Estatísticos do Trabalho firmou outra concepção para o setor formal, tendo o propósito de avaliar com rigor o peso do setor informal no produto interno bruto (PIB) das economias. Fixada a motivação recém-mencionada, em menoscabo das características das relações de trabalho, a nova definição da OIT frisou as características das unidades de produção como se infere da parte da Resolução a seguir transcrita:

> **I.** O setor informal pode ser caracterizado como consistindo de unidades engajadas na produção de bens e serviços, com o objetivo principal de gerar emprego e renda para as pessoas envolvidas. Essas unidades operam tipicamente com um nível baixo de organização e em pequena escala, com pouca ou nenhuma divisão entre trabalho e capital como fatores de produção. As relações de trabalho — onde existem — são baseadas principalmente no emprego eventual, parentesco e relações sociais, em vez de contratos com garantias formais. **II.** As unidades produtivas do setor informal têm os traços característicos de empreendimentos familiares. Os ativos — fixos e outros — usados não pertencem propriamente às unidades produtivas, mas sim aos seus proprietários. As unidades de produção não podem transacionar ou realizar contratos com outras unidades, nem incorrer em operações financeiras que envolvam exigibilidades. Os proprietários têm de levantar pessoalmente os recursos financeiros necessários por sua própria conta e risco, sendo pessoalmente responsáveis, sem limites, por quaisquer dívidas ou obrigações relacionadas com o processo produtivo. Os gastos com produção são frequentemente indistintos das despesas com o domicílio. Da mesma forma, bens de capital — tais como imóveis e veículos — podem ser usados indistintamente para o negócio ou pelo domicílio. **III.** As atividades das unidades de produção do setor informal não são necessariamente realizadas com o objetivo deliberado de evasão fiscal, não recolhimento de contribuições sociais, de infringir a legislação trabalhista ou de não se adequar a exigências administrativas. Do mesmo modo, o conceito de atividades do setor informal deve ser distinguido do conceito de atividades da economia oculta.

Observa-se, outrossim, que o conceito de "informal" deve ser construído em função de políticas de intervenção no mercado de trabalho e na economia. Como as políticas públicas são variáveis, os conceitos de setor informal também serão, naturalmente, fluidos.

Tendo por tema "Trabalho Decente e Economia Informal", a OIT, em 2002, novamente pôs em pauta a questão conceitual da informalidade depois de aceitar a realidade de que tal fenômeno não mais poderia ser visto como algo passageiro e transitório, pois já estava claro que os modernos meios de produção não teriam capacidade de absorver toda a mão de obra, como se esperava, de modo a superar a exclusão. Passou-se a adotar o termo "economia informal", por ser mais amplo que "setor informal", transcendendo as características do empreendimento e analisando também a inserção no mercado de trabalho.

Esta nova visão da OIT a respeito da informalidade identifica que há um entrelaçamento dos setores formal e informal, afinal, partindo-se da perspectiva adotada (peculiaridades da unidade de produção e a posição na ocupação laboral) tanto se constata a existência de empresas informais a manter relações de trabalho com empresas formais e, até mesmo, com o Poder Público — por meio de cooperativas fraudulentas, p. ex. — como também se verifica a existência de empresas formais a utilizar de mão de obra informal com intuito de diminuir os custos de produção.

Entendemos, igualmente, que o reconhecimento dessa variedade de circunstâncias em que se situa a informalidade impede a confecção de uma política pública a ser considerada ideal para todos os trabalhadores informais. Novos regramentos e teorias, respeitados os consagrados direitos trabalhistas, serão necessários para interpretar esses fenômenos e solucionar possíveis iniquidades.

4.1. A informalidade e a sociedade brasileira

Visualizadas as transformações do mercado de trabalho no desenrolar dos anos 1990, e admitindo a sua influência no desgaste e na degradação das relações e das condições de emprego, — indicando a noção conceitual de precarização para os propósitos desta obra — conjecturamos, inicialmente, que o aumento do desemprego está ligado ao alargamento do setor informal e, outrossim, ao retrocesso das típicas formas de inserção no mercado de trabalho formal.

O delicado momento perpassado pelo Direito do Trabalho, atualmente, nos sujeita a firmar uma nova configuração da realidade a partir das visíveis relações entre os setores formal e informal. Observa-se que, desde o final dos anos 80 e início da década de 90, o setor informal tem crescido e atuado nas tangentes do centro das atividades formais capitalistas, favorecendo a não legalização do vínculo assalariado e a consequente restrição da proteção social empregatícia. Podemos associar, destarte, a questão da informalidade à proliferação de trabalhadores por conta própria e de empregados sem Carteira de Trabalho e Previdência Social (CTPS) assinada.

Seguindo as recomendações da 15ª Conferência de Estatísticos do Trabalho da OIT, há autores que, fugindo da noção clássica de setor informal, consideram todas as unidades econômicas pertencentes a empregadores com até cinco empregados, desde que moradores na área urbana, além dos trabalhadores por conta própria, como integrantes do setor informal do mercado de trabalho.

Em pesquisa acerca da realidade brasileira, *Baltar* identificou a expansão da informalidade, a queda dos empregos formais e o desemprego desenfreado, notadamente após a economia brasileira ingressar numa recessão na ordem de 14%, segundo dados da RAIS de 1996, ocorrida entre os anos de 1990 e 1992.

Significando 46% da ocupação urbana em 1992, em que pese a economia nacional dar sinais de recuperação, a soma dos empregos no setor público e dos empregos formais (com CTPS) em estabelecimentos com mais de cinco empregados representou somente 17% do aumento da ocupação urbana entre os anos de 1992 e 1995, conforme o PNAD-IBGE deste período. Neste momento, portanto, expandiu-se consideravelmente a informalidade nas relações de trabalho, especialmente por meio de trabalhadores por conta própria e microestabelecimentos situados à margem do sistema capitalista de produção.

O percentual de trabalhadores informais no Brasil deixou a casa dos 41% em 1991 para a assustadora marca de 51% no ano 2000, permanecendo nos percentuais de 50% aferidos em 2001. *Ramos*[11] associa esta evolução do setor informal à carência de amparo e de proteção aos trabalhadores sem vínculo de emprego.

No capítulo anterior, buscamos ajustar as novas significações difundidas e ora atribuídas a conceitos de uso corrente nesta fase de reestruturação capitalista ao papel fundamental a ser exercido pelo Direito do Trabalho, diante das transfigurações das relações de trabalho.

Neste capítulo, a abordagem será sustentada numa dinâmica semelhante à recém-transcrita, porém, tendo por foco exclusivo o questionamento das noções, usualmente, empregadas na doutrina para fazer referência às mutações no trabalho fundadas na informalidade, problematizando-se a aptidão dessas ideias angariarem e atraírem tais conjunturas, transformadas pela modernidade.

Alvitramos, dessarte, a construção de concepções suficientemente robustas à apreensão das transformações ora vivenciadas, tendo presentes os fins principiológicos — em seguida abordados — como suportes a apoiar de maneira responsável as estruturas que pretendemos ajudar a levantar.

As significações estendidas às expressões "informalidade" e "precarização", de regra, referem-se à conjuntura moderna de transformação das relações de trabalho, em contradição à formal e digna inserção laboral empregatícia nos moldes estabelecidos pelo Direito do Trabalho. Pressupondo que o setor informal não mais consegue abranger todas as formas de transformação no mundo do trabalho, almejamos consolidar num só corpo científico o debate acerca da atual noção de informalidade. Pretendemos colaborar na estruturação desta construção de ideias, progredindo, outrossim, na celeuma da precarização do trabalho, na qual, aliás, segundo nosso entendimento, também se insere a questão da "pejotização".

---

(11) Disponível em: <http://www.iets.org.br> Acesso em: 15 jun. 2008.

Diversas novas formas de trajar a noção de informalidade e mesmo de precarização têm sido utilizadas na tentativa de tornar inteligíveis as inúmeras transformações e a heterogeneidade reveladas no mercado de trabalho contemporâneo. As noções basilares de informalidade serão mantidas, atribuindo-se, todavia, ao conceito de informalidade as influências da (des) regulamentação estatal das relações de trabalho e da compreensão de uma economia informal que integra processos, práticas e atividades diferenciadas.[12]

As palavras de Hobsbawm são intrigantes e impõem a seguinte reflexão:

Quando enfrentam o que seu passado não as preparou para enfrentar, as pessoas tateiam em busca de palavras para dar nome ao desconhecido, mesmo quando não podem defini-lo nem entendê-lo (HOBSBAWM, 1995, p. 282).

Em defesa de que a informalidade pode conviver com a formalidade, inclusive, na pessoa de um mesmo trabalhador, *Malaguti* expressa a noção de informalidade conjugada ao setor formal e ao papel dos pequenos empreendimentos na inserção de trabalhadores no mercado de trabalho.

Tais estabelecimentos de pequeno porte recebem aqueles trabalhadores que perderam lugar no mercado formal, estabelecendo uma concorrência desigual frente às grandes empresas, forçando a exploração exacerbada dos recursos humanos, por processos como o da terceirização.

Os trabalhadores são (re)inseridos na sociedade produtiva de maneira autônoma, relacionada, desse modo, com uma aparente independência. Demonstradas as excessivas jornadas de trabalho e a insegurança social vivenciada por tais trabalhadores, afigura--se dócil a tarefa de constatar e perceber por que tal "independência", em realidade, encobre e disfarça a necessidade e a marginalização social.

Deve ser lembrado, outrossim, neste contexto de modernas acepções a respeito da informalidade, o entendimento de *Sáinz*, que configura a nova realidade de inserção ocupacional de trabalhadores em setores emergentes da economia como sendo a "neoinformalidade". O autor divide os trabalhadores conforme as suas circunstâncias frente à informalidade, separando os denominados informais de subsistência dos informais de subordinação. Os primeiros estariam abarcados pelo conceito tradicional, enquanto os segundos estariam dispostos na conjuntura globalizada.

Certos segmentos da informalidade, em que pese também marcados por vínculos precários e ausência de proteção social, apresentam melhorias de renda aos trabalhadores face às dificuldades de ingressar e permanecer no mercado de trabalho. Este "novo circuito da informalidade" atrai profissionais de qualificação elevada em comparação aos informais de baixa renda, pouca qualificação e ínfima produtividade. Referida espécie de trabalhadores informais, como bem destaca a professora baiana *Patrícia Silva*, representam uma falsa ideia de melhoria, pois, decorrem de um mesmo processo em que as novas tecnologias, a reestruturação da produção do trabalho, o desemprego

---

(12) SILVA, Patrícia. *A nova informalidade na região metropolitana de Salvador*. Salvador: SEI, 2003.

e a flexibilização das relações trabalhistas provocam a precarização do trabalho como resultado da expansão capitalista nos contornos do sistema.

Atenta às mudanças do trabalho na América Latina, *Cacciamali* identifica o processo de informalidade como as:

> mudanças estruturais na sociedade a na economia, que redefinem as relações de produção, as formas de inserção dos trabalhadores na estrutura produtiva, os processos de trabalho e as instituições (CACCIAMALI, 2000, p. 103).

De acordo com os primeiros estudos acerca do setor informal brasileiro, as previsões eram de que desapareceriam as formas alternativas de produção, que compreendiam a noção de informalidade. Contrariando as expectativas, o setor informal cresceu na periferia do sistema capitalista e, nos dias presentes, as transformações do mercado de trabalho permitem, inclusive, o questionamento da viabilidade da própria relação padrão vigente na sociedade salarial.

Na conjuntura atual, portanto, a expansão da informalidade guarda estreita relação com a reestruturação produtiva e com o ressurgimento de atividades antes circunscritas ao setor informal, inseridas na cadeia de produção de grandes empresas. Dizendo de outro modo, parte-se da análise da informalidade expandida e, obrigatoriamente, acabamos voltando à precarização como a sua razão inicial e final, em virtude das modificações do trabalho na era da informação.

O mercado de trabalho capitalista fez desta nova face da informalidade uma faceta da flexibilização, utilizando-se do setor informal de duas maneiras simultâneas e distintas. Enquanto nos períodos de expansão da economia a informalidade atua como uma espécie de reserva de trabalhadores, nos momentos de retração serve para absorver a mão de obra não aproveitável. Graças a medidas de privatização, de terceirização, e de "pejotização", p. ex., a "autonomia" dos trabalhadores tem sido predominante e a demissão dos assalariados uma consequência lógica.

Desse modo, a expansão da informalidade deve ser alardeada como consequência das mudanças no trabalho moderno, mas, desde que não esqueçamos ser a precarização o maior e verdadeiro problema a ser enfrentado, afinal, de uma maneira ou de outra, tal fenômeno acaba, outrossim, abarcando todas as incertezas e inseguranças manifestadas no aumento do setor informal.

O grande dilema da atualidade, que envolve trabalhadores e empresas na tentativa de concretizar os planejamentos da OIT, a partir da concretização de políticas, é legalizar o trabalho informal em crescimento e preservar as conquistas históricas da classe trabalhadora, referentes a direitos trabalhistas e proteção social.

As alternativas de superação da crise firmada precisam ser avaliadas no sentido de manter os direitos trabalhistas para proteger aqueles que estão sim em desvantagem nas relações com o poder do capital! Desde já, outrossim, rechaçamos a "flexibilização" dos direitos dos trabalhadores e também a criação de uma legislação específica para a economia informal, pois se estaria legitimando a burla de direitos daqueles que são, na verdade, empregados.

Os incentivos à formalização nos levam, certamente, ao caminho mais justo e correto, porém, apesar de determinantes às mudanças que almejamos, fatores como a simplificação dos requisitos de funcionamento e a redução dos custos de transação, visando ao aumento da formalidade dos negócios não serão suficientes. Grandes contingentes de trabalhadores e empresas são empurrados para a informalidade pela incapacidade dos empreendimentos para suportar as contribuições sociais e os impostos em razão da atividade desenvolvida.

Para guarnecer a formalidade será preciso — antes de uma inconsequente reforma trabalhista, realizada pela porta dos fundos — garantir a sustentação fiscal dos empreendimentos, o que nos remete a uma necessária e responsável Reforma Tributária!

5. A questão da pejotização

O vocábulo "pejotização" denota a ideia da realização do pacto laboral referente à contratação de serviços de natureza intelectual a ser prestado por meio de pessoas jurídicas criadas para tal finalidade. A "pejotização", destarte, insere-se no contexto do trabalho intelectual afetado por diversas mudanças proporcionadas pela Revolução Tecnológica, em que também se situam questões atuais e polêmicas como: a participação em "blogs"; a intermediação de venda de seguros; os contratos de imagem; e os contratos de figuração avulsa.

O professor *Alexandre Agra Belmonte*, em artigo publicado pela *Revista da Academia Nacional de Direito do Trabalho*, n. 15, 2007, salienta a fase por que passamos:

> No atual estágio desta era, a sociedade pós-industrial convive com um ambiente automatizado, informatizado e globalizado. Um ambiente em que as novas tecnologias de comunicação e informação, a globalização, o barateamento dos custos e a massificação do crédito encurtam distâncias, banalizam o uso do computador pessoal e corporativo e permitem o uso corriqueiro da *internet* e do correio eletrônico como meios ágeis e eficientes de relacionamento.

Mais adiante, o eminente jurista prossegue:

> No Brasil, um país com imenso território, que convive com uma das piores distribuições de renda do planeta, enorme dívida externa, alto índice de desemprego e substancial quantidade de trabalhadores na economia informal, tais problemas têm adquirido especial relevo. As instituições têm sido questionadas, diante da incapacidade do Estado de dar soluções efetivas para os problemas sociais. A nova Questão Social, exatamente porque surgida num Estado Democrático de Direito seguinte a um Estado interventor em que um dos objetivos era o de consolidar os direitos sociais, traz assim enorme preocupação.

É nessa conjuntura de acontecimentos que se edifica a questão da "pejotização", contestando os tradicionais requisitos do contrato de trabalho e desrespeitando regras do Decreto-lei n. 5.452, de 1º de maio de 1943 (CLT), além de princípios do Direito do Trabalho.

5.1. Os requisitos do contrato de trabalho e a pejotização

A relação de emprego compreende uma relação jurídica objetiva pela qual trabalhador e empregador se unem em virtude da prestação subordinada de um serviço. Tal situação vincula as partes envolvidas a todo um sistema integrado de princípios e regras concernentes ao especial ramo da Ciência Jurídica, conhecido por Direito do Trabalho.

Declara o art. 3º da CLT, explicitando o conceito de empregado:

Art. 3º Considera-se empregado toda pessoa física que prestar serviços de natureza não eventual a empregador, sob a dependência deste e mediante salário.

Da redação *supra* é que se extraem os requisitos de subordinação, pessoalidade, não eventualidade e onerosidade; caracterizadores da relação de emprego e fundamentais à discussão acerca da "pejotização".

O parágrafo único deste art. 3º, incluído pela Lei n. 4.072 de 1962, igualmente, insere-se no debate sobre a "pejotização" ao prescrever que:

Parágrafo único — Não haverá distinções relativas à espécie de emprego e à condição de trabalhador, nem entre o trabalho intelectual, técnico e manual.

Trataremos, a seguir, das informações trazidas no artigo e parágrafo supracitados, tendo em vista a estreita relação guardada à celeuma proposta.

5.1.1. Subordinação, dependência e alteridade

A subordinação é de todos os elementos que qualificam a relação de emprego o maior demonstrador de que esta última, de fato, manifesta-se na realidade. Outrossim, todas as prestações de trabalho serão, presumidamente — *juris tamtum* — consideradas subordinadas, atendendo ao princípio da proteção ao trabalhador.

Admitida a prestação de trabalho, mas negada a relação de emprego, o reclamado terá o ônus de provar que não se configura o vínculo por falta de quaisquer dos requisitos do art. 3º da CLT. A presunção a favor do reclamante também não se concretiza na hipótese de o reclamado na demanda trabalhista negar qualquer prestação de trabalho, seja na modalidade de emprego, seja em qualquer das demais formas possíveis de relação de trabalho, restando ao reclamante o ônus de provar que era mesmo seu empregado.

É nesse sentido que o professor *Mauricio Godinho Delgado* discorre:

De fato, a subordinação é que marcou a diferença específica da relação de emprego perante as tradicionais modalidades de relação de produção que já foram hegemônicas na história dos sistemas socioeconômicos ocidentais (servidão e escravidão). Será também a subordinação o elemento principal de diferenciação entre a relação de emprego e o segundo grupo mais relevante de fórmulas de contratação de prestação de trabalho no mundo contemporâneo (as diversas modalidades de trabalho autônomo).

A ideia de subordinação que interessa ao Direito do Trabalho é, pois, referente ao caráter funcional da atividade, isto é, do *como, onde e quando,* conforme os desígnios do empregador, a atividade será prestada. O trabalhador que, ressalte-se, é obrigatoriamente pessoa física obedece às ordens e à direção de seu empregador, transmitindo os resultados da atividade àquele que proporcionou a sua integração no processo produtivo.

A relação de emprego somente se dá, naturalmente, pela comprovação da subordinação jurídica, explicitada no art. 3º da CLT — pela expressão "sob dependência deste". Entretanto, parece-nos mais sensato entender como pressuposto à própria ideia de subordinação a noção de alteridade, imprescindível para a consecução de uma relação de emprego. Em outras palavras, a sujeição às ordens do empregador — subordinação jurídica — decorre da alienação por parte do trabalhador dos frutos da sua atividade a esse empregador. A subordinação e a dependência sobressaem, portanto, a partir da concretização da alteridade.

5.1.2. Pessoalidade e pessoa física

A pessoalidade é requisito que chama nossa atenção para a discussão do fenômeno da "pejotização", afinal, a relação jurídica considerada empregatícia envolve, de um lado, uma pessoa física a alienar de maneira subordinada e contínua os seus serviços mediante remuneração e, de outro, um empregador que tanto pode ser pessoa física como pessoa jurídica. Em razão da necessidade de a prestação do trabalho ser personalíssima para a configuração da relação de emprego, as pessoas jurídicas, naturalmente, não poderão jamais ocupar a posição de empregado nas relações de trabalho em que vierem a interagir.

O contrato de trabalho pactuado entre pessoas jurídicas, portanto, não é compreendido pela relação de emprego prevista pela CLT, pois, somente o empregador poderá constituir-se numa pessoa jurídica. A prestação de serviços por parte de uma pessoa jurídica, em tese, não se coaduna como os anseios de um simples empregado, por isso, protegido pela legislação.

Diante das assertivas anteriores, perguntamos: **1.** A prestação de serviços por pessoa jurídica sempre irá obstar o surgimento de uma relação de emprego? **2.** A pessoa jurídica poderia ser utilizada para tentar encobrir uma pessoa física, que efetivamente presta o trabalho? **3.** Neste último caso, como solucionar o dilema entre a formalidade da empresa prestadora e a verdadeira situação em evidência?

Mauricio Godinho Delgado nos propicia um primeiro esclarecimento:

Obviamente que a realidade concreta pode evidenciar a utilização simulatória da roupagem da pessoa jurídica para encobrir prestação efetiva de serviços por uma específica pessoa física, celebrando-se uma relação jurídica sem a indeterminação de caráter individual que tende a caracterizar a atuação de qualquer pessoa jurídica. Demonstrado, pelo exame concreto da situação examinada, que o serviço diz respeito apenas e tão somente a uma pessoa física, surge o primeiro elemento fático-jurídico da relação empregatícia.

O art. 9º da CLT nos indica o caminho a ser percorrido em tais situações:

Art. 9º Serão nulos de pleno direito os atos praticados com o objetivo de desvirtuar, impedir ou fraudar a aplicação dos preceitos contidos na presente Consolidação.

A contratação formal da pessoa jurídica para a prestação de serviços não é suficiente para inibir a manifestação da pessoalidade que, segundo o princípio da realidade, restar demonstrada na relação específica.

Para colaborar ao esclarecimento das questões acima formuladas, colacionamos trechos de fundamentação da seguinte jurisprudência, referente ao processo 01000-2007-064-01-00-5, da 64ª Vara do Trabalho do Rio de Janeiro:

RELAÇÃO DE EMPREGO

Inicialmente, deve-se rechaçar a alegada "impossibilidade de nulidade dos contratos entabulados entre as partes" arguida pelas oito primeiras rés. Alegou o reclamante que tais contratos se destinavam unicamente a burlar a legislação trabalhista. Em demonstrando tal alegação, incidirá o art. 9º da CLT que inquina de nulos todos os atos destinados a fraudar a aplicação da CLT. Portanto, não há qualquer impossibilidade de declaração da nulidade.

Superada esta questão, passemos a analisar a relação outrora existente entre as partes. Inegavelmente, o reclamante era empregado da 1ª ré. Coexistiam todos os elementos caracterizadores da relação de emprego, quais sejam, a onerosidade, a pessoalidade, a não eventualidade e a subordinação. A onerosidade é incontroversa, revelada pelas diversas notas fiscais e recibos de pagamento juntados aos autos (fls. 35/100). Também era não eventual o trabalho, restando provado testemunhalmente que o reclamante trabalhava de segunda a sexta-feira, e ainda em alguns sábados e domingos, ao longo de anos. Quanto à subordinação, decorria não só desta obrigatoriedade de respeitar dias e horários de trabalho, mas também do fato de estar o reclamante sob as ordens da ré, na pessoa do editor. Evidente, pois, o elemento subordinação. Quanto à pessoalidade, também é patente, mormente em se tratando de serviços intelectuais. A reclamada não contratou os serviços de uma pessoa jurídica, que pudessem ser prestados por qualquer pessoa. Ao contrário, contratou especialmente os serviços do reclamante, por seus talentos particulares, por sua habilidade de lidar com o texto, por sua maneira de escrever. É o que sói ocorrer dentre os profissionais intelectuais. Os contratos firmados com a empresa da qual o reclamante é sócio não tinham outro destino senão o de tentar mascarar a relação empregatícia existente. Tal empresa era mero instrumento da fraude. Isto fica evidente quando notamos que o endereço da "sede social" da

empresa era o mesmo endereço residencial do autor. Na verdade, o fenômeno da "pejotização" dos trabalhadores não é um "privilégio" brasileiro, já tendo se verificado em diversos países. Ocorre que nestes países é um fenômeno ultrapassado, posto que se deram conta do quão nefasto para a sociedade é ele. Com efeito, a Alemanha foi um dos países europeus onde a "pejotização" mais se difundiu. No país germânico sequer foi necessário o recurso à pessoa jurídica, já que a legislação laboral alemã contém um conceito de "subordinação pessoal", inexistente na brasileira, da qual se valiam os contraentes para dissimular uma verdadeira relação de emprego. Estudamos a matéria no âmbito de um curso de pós-gradução. Naquela oportunidade, assim nos manifestamos: "Ya en el campo jurisprudencial, la noción de la relación de trabajo como una 'relación comunitaria jurídico-personal', muy típica del final de la época de Weimar, fue abandonada por el Tribunal Federal del Trabajo a comienzos del año 1951. De hecho, en razón de la aplicación del concepto de 'subordinación personal' a la ultranza, un serie de trabajadores intelectuales, artistas o con una formación académica importante (periodistas, músicos, médicos, etc.) se quedaron fuera del concepto de empleado, firmando con las cadenas mediáticas, hospitales, estaciones de radio, etc., contratos como 'colaboradores libres' (freie *Mitarbeiter*). Con la crisis económica de mediados de los años 1970, muchos de ellos perdieron sus puestos y, dándose cuenta de la precariedad de su situación, acudieron a los Tribunales para reclamar la declaración de su condición de trabajadores subordinados. Los Tribunales se vieron forzados a definir su status y ejercieron su papel social extendiendo la definición de trabajador al mayor número de personas posible, "cambiando de la noción de subordinación personal para una estructura muy compleja comprendiendo un amplio rango de elementos que deben ser analizados y evaluados en su integridad" A partir de ahí se pasó a considerar la relación laboral a modo de "relación de intercambio: el trabajador y el empresario se enfrentan con intereses diferentes, de la misma forma que el comprador y el vendedor, el arrendatario y el arrendador. El principio jurídico de fidelidad recogido en el artículo 242 del Código Civil únicamente obliga a ambas partes a respetarse mutuamente. "Tal digressão se fazia necessária, tendo chamado a atenção do julgador o fato de o reclamante ser um jornalista (periodista, em castelhano), precisamente uma das categorias (juntamente com os médicos e músicos) de trabalhadores intelectuais que se deram conta da precariedade de suas situações profissionais e, por isso, acudiram aos tribunais em busca da relação de emprego. É importante ressaltar, também, que a alteração da jurisprudência alemã, como visto, remonta a 1985, há mais de vinte anos, portanto. De nossa porta, só há poucos anos estes processos começaram a ser apreciados pelos tribunais, já que aqui a pejotização começou muito mais tarde".
Marcelo José Duarte Raphael — Juiz do Trabalho

Vale ainda destacar que o elemento pessoalidade não incide sobre a figura do empregador, conforme a previsão dos artigos celetistas referentes à sucessão trabalhista (arts. 10 e 448 da CLT). A despersonalização da figura do empregador permite a alteração do polo empresarial sem que os contratos de trabalho sofram modificações prejudiciais em decorrência de tal alteração subjetiva.

5.2. Os auditores fiscais e a pejotização

O trabalho intelectual prestado por pessoas jurídicas tornou-se objeto de debates entre os juristas trabalhistas brasileiros em razão de recentes modificações legislativas a respeito da matéria. Procuraremos identificar as referidas inovações legais, compará-las à legislação vigente e, finalmente, destacaremos nossas impressões acerca da celeuma jurídica em tela.

Diante de toda a pesquisa até aqui realizada, percebemos que a precarização do trabalho vem sendo intensificada de modo a desvirtuar os propósitos de proteção do Direito do Trabalho por meio da flexibilização de suas regras. Entretanto, as normas trabalhistas (regras e princípios) ainda vigem e permitem que nelas apoiemos e, assim, fundamentemos nossa argumentação.

Devemos lembrar, inicialmente, que foi aprovado no Congresso Nacional o Projeto de Lei n. 6.272/05 convertido na Lei n. 11.457 de 16 de março de 2007 (Lei da Super-Receita), alterando-se diversos dispositivos da Lei n. 10.593 de 6 de dezembro de 2002 (regulamenta o trabalho dos auditores fiscais do Poder Executivo).

Nessa conjuntura, aprovou-se a famosa e polêmica Emenda n. 3 que, por meio do art. 9º da Lei n. 11.457/07, alterava o art. 6º, § 4º da Lei n. 10.593/02 da seguinte forma:

> **Art. 6º** São atribuições dos ocupantes do cargo de Auditor-Fiscal da Receita Federal do Brasil:
>
> § 4º No exercício das atribuições da autoridade fiscal de que trata esta Lei, a desconsideração da pessoa, ato ou negócio jurídico que implique reconhecimento de relação de trabalho, com ou sem vínculo empregatício, deverá sempre ser precedida de decisão judicial.

Com efeito, tal redação não foi bem recebida pelos trabalhadores, afinal de contas, a emenda 3 proibia o Poder Executivo de reconhecer em suas fiscalizações que a prestação de serviço alegada pela empresa correspondia, na verdade, a uma fraude à legislação trabalhista. O impedimento aos auditores fiscais incentivaria a manutenção de contratos de aparência formal idônea a produzir seus efeitos jurídicos normais, mas que estariam a esconder uma real relação de emprego disfarçada pela roupagem de pessoa jurídica.

O Ilustre professor *Georgenor de Sousa Franco Filho* manifestou-se acerca da famigerada Emenda n. 3 no seguinte sentido:

> Não vejo a Emenda 3 como alguns apontaram: uma fraude ao fisco, porque é diferente a tributação das pessoas jurídicas e das pessoas físicas, e outra fraude à legislação trabalhista, como que a querer extingui-la. Transferir essa tarefa para auditores é suprimir o acesso à Justiça, e atribuir-lhes atividade que é, ainda, exclusiva do Poder Judiciário.[13]

Data máxima vênia, ousamos discordar do respeitável entendimento externado pelo admirado jurista por entendermos que a atribuição fiscalizadora dos auditores da Receita Federal, da Previdência Social e do Ministério do Trabalho não irá, efetivamente, julgar se há ou não o vínculo empregatício, o que, de fato, sempre foi

---

(13) Disponível em: <www.andt.org.br> Acesso em: 23 jul. 2008.

e continuará sendo tarefa exclusiva do Poder Judiciário. O objetivo fiscalizador da atuação dos auditores fiscais trata-se tão somente de um forte elemento de pressão e de intimidação àqueles que insistem em tentar burlar os direitos materiais dos empregados por meio de circunstâncias formalmente adequadas e bem estruturadas, como o registro civil de pessoas jurídicas, mas que na realidade não passam de artifícios não concretizados faticamente.

De qualquer forma, para alívio dos trabalhadores, referido § 4º foi vetado pelo Presidente da República aos 16.3.2007 nos termos da mensagem n. 140, cujas razões foram:

> As legislações tributária e previdenciária, para incidirem sobre o fato gerador cominado em lei, independem da existência de relação de trabalho entre o tomador do serviço e o prestador do serviço. Condicionar a ocorrência do fato gerador à existência de decisão judicial não atende ao princípio constitucional da separação dos Poderes.

Somem-se às razões do veto, outrossim, os possíveis e previsíveis incentivos à ilegalidade por meio de contratos fantasiosamente firmados por pessoas jurídicas, que tal parágrafo poderia promover se viesse a obstar a atuação dos auditores do Executivo nas suas fiscalizações.

5.3. O trabalho intelectual e a pejotização

Finalmente, advém ao debate a problemática referente à Lei n. 11.196, de 21 de novembro de 2005 e a discussão acerca da possibilidade de opção dos trabalhadores intelectuais em transformarem-se em pessoas jurídicas, abdicando da condição de empregados.

A redação do art. 129 da Lei n. 11.196/05 é a seguinte:

> **Art. 129.** Para fins fiscais e previdenciários, a prestação de serviços intelectuais, inclusive os de natureza científica, artística ou cultural, em caráter personalíssimo ou não, com ou sem a designação de quaisquer obrigações a sócios ou empregados da sociedade prestadora de serviços, quando por esta realizada, se sujeita tão somente à legislação aplicável às pessoas jurídicas, sem prejuízo da observância do disposto no art. 50 da Lei n. 10.406, de 10 de janeiro de 2002 — Código Civil.

A discussão evidencia a necessária consulta aos princípios do Direito do Trabalho para que decifremos as inquietantes constatações que poderão advir de tal dispositivo legal.

Aferindo respaldo nesse art. 129 da Lei n. 11.196/05, grupos defensores da flexibilização trabalhista asseguram que a lei estaria disponibilizando, de maneira expressa, segundo os critérios de conveniência e oportunidade — que, aliás, mais parecem critérios de Direito Administrativo — aos atores sociais envolvidos na prestação de serviço intelectual a livre escolha da espécie de relação que irão consubstanciar.

Em outras palavras, presumir-se-ia que tais trabalhadores não são hipossuficientes frente ao capital e que, por isso, devem poder optar, conforme as suas preferências, entre a prestação do serviço nos moldes do Direito do Trabalho, isto é, como empregados, ou por meio de uma pessoa jurídica que, em princípio, afastaria a influência do direito especial.

Para problematizar as recém-referidas suposições, fazendo uso da chamada maiêutica de Sócrates, propomos as seguintes indagações: **I.** Existe no Direito do Trabalho a alegada faculdade de adoção ou não de suas normas cogentes? **II.** A Lei n. 11.196/05 possui força para modificar as normas trabalhistas? **III.** O grau de influência social atribuído aos trabalhadores intelectuais seria capaz de inverter a presunção de hipossuficiência destes obreiros? **IV.** Os benefícios fiscais e previdenciários estariam a contrabalancear a não aplicação da legislação trabalhista nesses casos? **V.** Se respondêssemos afirmativamente as questões anteriores, o que seriam dos princípios da proteção, da realidade e da irrenunciabilidade das normas trabalhistas?

A palavra cogente, inserida propositadamente na pergunta, por si só, responde a primeira questão, pois se refere a um grupo de regras impositivas às partes, não podendo ser afastadas pela vontade das mesmas.

A Lei n. 11.196/05 não é tão robusta e tão abundante a ponto de poder desprezar, suplantar e transpor as normas trabalhistas! Os empregados serão regrados pela legislação celetista e, nos termos desta, trabalhador é hipossuficiente seja o trabalho manual, técnico ou intelectual, segundo o supracitado parágrafo único do art. 3º da CLT com respaldo no inciso XXXII do art. 7º da Constituição Federal de 1988.

A relativa autonomia imputada aos prestadores de serviços intelectuais não é suficiente para que se permita a abdicação do ordenamento jurídico trabalhista, sob pena de aceitarmos disfarces formais que nem sempre serão verdadeiros.

Os princípios da proteção, da realidade e da irrenunciabilidade das normas não podem passar despercebidos quando da aferição dos elementos dispostos no art. 3º da CLT, quais sejam a subordinação, a pessoalidade, a não eventualidade e a onerosidade. Constatados tais requisitos na relação fática, não há como fugir e escapar da realidade consubstanciada numa relação material de emprego.

Diante do exposto, a que pessoas se destinariam os incentivos previdenciários e fiscais previstos no art. 129 da Lei n. 11.196/05? Ora, àqueles trabalhadores intelectuais que, efetivamente, constituem-se em verdadeiras empresas que compram o seu espaço nos meios de comunicação e que possuem também empregados próprios.

Vista pela perspectiva dos princípios, a questão da "pejotização" deixa de ser considerada complexa e nos remete à lógica de primeiro enxergar a realidade para depois lidarmos com ela, coibindo as ilegalidades que encontrarmos no caminho.

6. Os princípios e o Estado Democrático de Direito

O Direito do Trabalho é baseado em princípios que inspiram à criação das regras jurídicas trabalhistas, dão fundamento a estas regras e servem de paradigma para as suas possíveis interpretações. Este ramo do Direito encontra-se em formação contínua, fazendo-se necessário um apoio, ou melhor, um alicerce para essa evolução da disciplina manter sua firmeza e solidez, sempre de forma fragmentária, mesmo com as variações normativas que venham a surgir com o passar do tempo e as mudanças da sociedade.

Antes da análise principiológica, destarte, faz-se necessário perquirir, sinteticamente, as principais distinções entre os princípios e regras jurídicas a fim de sustentar nossas razões e justificar as nomenclaturas por ora utilizadas.

O professor *Humberto Ávila* é quem sustenta as sucintas e brilhantes considerações:

Os princípios remetem o intérprete a valores e a diferentes modos de promover resultados. (...) Enquanto as regras são normas imediatamente descritivas, (...), os princípios são normas imediatamente finalísticas (...).

A doutrina trabalhista também se ocupa da diferenciação entre princípios e regras, mas ainda não chegou a um consenso quando da definição de quais sejam os princípios peculiares do Direito do Trabalho. Confessamos também não termos conseguido acolher completamente os conceitos formulados pela doutrina, porém, acreditamos serem quatro os princípios, exclusivamente trabalhistas, além dos princípios gerais do Direito que, obviamente, aplicam-se ao Direito do Trabalho.

A nosso ver, são princípios propriamente trabalhistas: o Princípio da Proteção ao Trabalhador, o da Irrenunciabilidade de Direitos, o da Realidade Contratual e o da Continuidade da Relação de Trabalho.

Deles, o que mais chama a atenção para uma primeira análise deste momento jurídico delicado é o da Proteção. Este princípio, particularmente trabalhista, como os demais, nasceu de princípios gerais do Direito, ligados à dignidade humana e à igualdade ou isonomia. Estes últimos, por sua vez, decorrem da definição do art. 1º, *caput*, da Constituição Federal, quando esta estabelece que o Brasil seja um Estado Democrático de Direito. É, portanto, desta afirmação contida na Carta Magna que se extraem e surgem, já entrelaçados, os princípios da Dignidade e da Igualdade.

O Estado Democrático de Direito busca assegurar não somente uma igualdade formal, mas uma igualdade material em que não só o arbítrio, mas também as distorções de ordem social serão combatidas com o mesmo afinco e dedicação com que o Estado meramente de Direito não se preocupa. Protegendo a dignidade do trabalhador e igualando-o perante a sociedade, com tratamento desigual para os desiguais — como ensina *Ruy Barbosa* — estar-se-á, por um princípio específico do Direito do Trabalho, consubstanciando o que a Constituição já determina, não só pela menção à dignidade e à igualdade, mas também por suas próprias normas rígidas.

Ensina *José Afonso da Silva*:

> A configuração do Estado Democrático de Direito não significa apenas unir formalmente os conceitos de Estado Democrático e Estado de Direito. Consiste, na verdade, na criação de um conceito novo, que leva em conta os conceitos dos elementos componentes, mas os supera na medida em que incorpora um componente revolucionário de transformação do *status quo*.

Américo Plá Rodriguez, cita *Barassi*, que afirma (*Princípios de direito do trabalho*, p. 30):

> Tanto a Constituição como o Código Civil abandonaram o velho e bastante superado princípio de igualdade de direito em que estavam informados os códigos anteriores para acercar-se da igualdade de fato com a proteção do contratante economicamente mais débil.

O Direito do Trabalho foi criado para ser — atingindo as metas de um Estado Democrático de Direito — protecionista ao trabalhador. O art. 8º da CLT não só se refere aos princípios do Direito do Trabalho como uma fonte supletiva da matéria em caso de lacunas na lei, mas vai além quando determina que estes princípios são também pressupostos para o Direito Comum poder servir de fonte subsidiária do Direito do Trabalho.

Desta forma, o princípio da proteção ao trabalhador não só é pressuposto ou requisito de admissibilidade para a utilização do Direito Comum em omissões da lei trabalhista. É também qualidade básica e fundamental da razão de existência do próprio Direito do Trabalho.

É sabido que, antes do surgimento do Direito do Trabalho, predominava a total liberdade entre as partes para contratar e mesmo firmar relações de trabalho. Sem qualquer restrição legal, trabalhadores contratavam, civilmente, como se estivessem em iguais condições de negociação com a outra parte, o que ocasionou diversas formas de exploração do trabalhador que, por clara necessidade, submetia-se e ainda hoje se submete àquela exploração. Com a percepção dessa flagrante desigualdade social e econômica vivida pelo trabalhador em relação à outra parte no contrato de trabalho, foi elaborado o Direito do Trabalho para dirimir tais diferenças, impondo regras para a consecução dos contratos laborais, tornando material o direito antes simplesmente formal.

Nas palavras de *Radbruch*:

> A ideia central em que o direito social se inspira não é a da igualdade entre as pessoas, mas a do nivelamento das desigualdades que entre elas existem. A igualdade deixa assim de constituir ponto de partida do direito para converter-se em meta ou aspiração da ordem jurídica. (*Introducción a la filosofía del derecho*. México, 1951. p. 162)

Assentado está, portanto, o princípio da proteção a criar uma superioridade jurídica em favor do hipossuficiente externada pela aplicação da norma mais favorável ao obreiro e pela incorporação ao seu patrimônio das condições mais benéficas.

Ainda nos resta tratar dos princípios da primazia da realidade e da irrenunciabilidade dos direitos do trabalhador, igualmente, fundamentais para os fins propostos neste ligeiro estudo.

O princípio da primazia da realidade importa em considerar-se na relação de trabalho havida entre as partes tão somente as circunstâncias em que se deu a contratação. Isto é, o aspecto formal da pactuação laboral é deixado num segundo plano, com menor importância em comparação à verdadeira e real prestação de serviços. Confere-se maior relevância aos fatos em cotejo às ficções jurídicas.

Na lição da professora *Alice Monteiro de Barros* o princípio da primazia da realidade significa:

> (...) que as relações jurídico-trabalhistas se definem pela situação de fato, isto é, pela forma como se realizou a prestação de serviços, pouco importando o nome que lhes foi atribuído pelas partes. Despreza-se a ficção jurídica. É sabido que muitas vezes a prestação de trabalho subordinado está encoberta por meio de contratos de Direito Civil ou Comercial. Compete ao intérprete, quando chamado a se pronunciar sobre o caso concreto, retirar essa roupagem e atribuir-lhe o enquadramento adequado, nos moldes traçados pelos arts. 2º e 3º da CLT.

Desse modo, segundo o princípio em tela, a manifestação das partes durante a relação de trabalho e também os documentos apresentados por qualquer delas terão valor relativo para o Direito do Trabalho, procurando-se esclarecer os fatos efetivamente ocorridos, ainda que determinada formalidade indique outra direção.

Por fim, guardando estreita relação com o princípio da primazia da realidade, devemos mencionar e acentuar, ainda, o princípio da irrenunciabilidade dos direitos trabalhistas, pois também colabora na edificação de ideias propostas no presente trabalho.

Ressalta, outra vez de maneira precisa, a professora *Alice Monteiro de Barros*:

> Seu objetivo é limitar a autonomia da vontade das partes, pois, não seria viável que o ordenamento jurídico, impregnado de normas de tutela do trabalhador, permitisse que o empregado se despojasse desses direitos, presumivelmente pressionado pelo temor reverencial de não obter o emprego ou de perdê-lo, caso não formalizasse a renúncia.

Simbolizando a posição de inferioridade e hipossuficiêcia do obreiro, frente àquele que tira proveito dos rendimentos de seu trabalho, a indisponibilidade caracteriza-se como uma das mais importantes medidas de proteção aos trabalhadores brasileiros.

Apurados tais breves raciocínios acerca dos princípios, em caráter de arremate, nos sentimos autorizados a interromper a mera leitura e a simples escrita para permitir que a imaginação alce voo e resplandeça. Enfim, é chegada a hora de parar, respirar e pensar. Aclamado seja o glorioso momento de refletir...

7. Reflexões finais: a norma fundamental e os desafios do Estado de Direito frente ao embate entre os direitos humanos e o mercado

No conflito, embate, ou, como estamos propondo, na corrida entre os direitos humanos e o mercado, é fundamental que se entenda o que, efetivamente, está em jogo nesta disputa ferrenha também conhecida por globalização. Devemos imaginar: Qual será o troféu de quem primeiro cruzar a bandeirada final? Será que, como nas corridas de Fórmula 1, existem regras consolidadas para uma competição leal e justa? A quem reclamar em caso de hipotético descumprimento de tais preceitos básicos? E mais, quem serão os legitimados a subir no pódio e levantar a taça da vitória?

São todas interessantes questões que imaginamos apresentar nesta última parte do estudo, mas, antes de emitirmos quaisquer constatações de apontamento aos mais prováveis vencedores desta corrida global, devemos buscar entender o que se passa nos bastidores de cada uma das "equipes" para, assim, avaliarmos de maneira embasada e, possivelmente, mais precisa os diversos métodos de disputa e os comportamentos ora empregados por cada um dos competidores — direitos humanos e mercado — na tentativa de vencer as traiçoeiras curvas da globalização.

Façamos, destarte, um sucinto paralelo entre os efeitos produzidos pela globalização sobre os direitos trabalhistas, correlacionando-os ao modo como o mercado é, também por ela, influenciado para, em momento oportuno, expormos com maior fundamentação as nossas considerações finais.

Desde o momento em que a corrida do século se fez anunciar à Terra, ambos os competidores iniciaram as suas preparações por meio das devidas precauções, prevenções e previsões acerca da globalização.

De um lado, os direitos humanos, em uma primeira dimensão, limitavam os poderes de arbítrio estatal na órbita individual, assegurando e garantindo a livre locomoção, a liberdade de expressão, o direito de propriedade, o sufrágio etc. Noutra dimensão — não se confundindo dimensão com geração[14] (que poderia dar a falsa ideia de sobreposição no tempo) — os direitos humanos passam a exigir do Estado de Direito certas intervenções positivas em relação a saúde, segurança, educação, etc. O agir positivo do Estado de Direito com intuito de regular a sociedade, por meio de seus instrumentos de controle político, foi ampliado na perspectiva de uma terceira dimensão de direitos humanos, afirmando e ratificando a existência de interesses maiores e mais abrangentes que os meramente individuais.

Assim, integraram-se à "equipe" dos direitos humanos os modernos e elaborados interesses difusos, coletivos e individuais homogêneos, em conjunto, tratados como metaindividuais ou transindividuais, justamente, por transcenderem a esfera do indivíduo isoladamente considerado.[15]

---

(14) MENDES, Gilmar Ferreira; COELHO, Inocêncio Mártires; BRANCO, Paulo Gustavo Gonet. *Curso de direito constitucional*. São Paulo: Saraiva, 2007. p. 223.
(15) LEITE, Carlos Henrique Bezerra. *Curso de direito processual do trabalho*. 4. ed. São Paulo: LTr, 2006. p. 133.

Determinado à busca de proteção e manutenção da ordem jurídica, o Estado Democrático de Direito diligenciou e providenciou a criação de instituições públicas — Ministério Público e Tribunais — em tese, suficientemente fortes e influentes a ponto de serem incumbidas de tal mister, e, por consequência, efetivando a aplicação concreta dos direitos humanos em suas três louváveis dimensões. Como dissemos, infelizmente, apenas em tese.

Nestas condições, a "equipe" dos direitos humanos partiu confiante para a pista globalizada, focada e determinada a marcar o melhor tempo de todos os tempos dentre os tempos já vividos, pautando as suas "voltas" no admirável ânimo de cooperação para, assim, qualificar-se em primeiro lugar à iminente e eminente corrida contra o mercado.

Todavia, do outro lado estava um inimigo, naturalmente, acostumado e determinado a competir sem medir esforços. Conhecendo de antemão os atalhos da "Pista Globalização", o mercado tinha planos instintivamente predatórios e eficientes aos seus desígnios obscuros.

Ultrapassando os limites de fronteira, tornando instáveis os capitais financeiros, reformando e reformulando os tradicionais, e cada vez mais obsoletos, processos de produção, o mercado foi mais veloz que os direitos humanos em termos de evolução expansiva. Avançando no vácuo deixado pelos moderníssimos meios de comunicação[16], o mercado marcou um tempo fantástico, qualificando-se a largar na frente dos direitos humanos na globalização, levando considerável vantagem por garantir e ocupar a tão cobiçada *pole position*.

A estratégia adotada pelo mercado — para vencer nos "treinos" — combinou astúcia, frieza e inteligência. A sua grande ideia foi perceber que, antes de atacar diretamente os direitos humanos, jogando-os para fora da "pista", numa missão árdua e, possivelmente, suicida, era preciso bater de frente nas estruturas de poder do Estado de Direito (garantidor dos direitos humanos).

Desta forma, o mercado pisou fundo no acelerador. E a aceleração de seu crescimento foi tão impressionante que o desatento Estado de Direito não conseguiu acompanhar. Tal distração, entretanto, custou caro e gerou dívidas impagáveis em meros Reais brasileiros. Seriam necessários dólares, bilhões de dólares.

A dignidade estatal foi duramente atingida, submetendo-o à constrangedora limitação de seus mecanismos democráticos de representação e do próprio Poder político decisório. Mantendo a figuração sugerida para fins de ilustração, poderíamos dizer que o mercado, em termos práticos, anulou o poder do Estado de Direito, atropelando os princípios da territorialidade e da soberania.[17]

---

(16) Os instrumentos de comunicação e informação nunca foram tão significativos na aproximação dos seres humanos como nos dias atuais. Em 1960, um cabo transatlântico permitia a realização de 138 comunicações telefônicas concomitantes. Em 1995, um cabo de fibra ótica já era capaz de transmitir um milhão e meio de telecomunicações simultâneas. Em 1998, 140 milhões de pessoas já se utilizavam da rede mundial de computadores: a *internet*. No início de 2001, o total dos usuários desse meio de comunicação, em todo o planeta, ultrapassava a assustadora cifra de 700 milhões de pessoas.
(17) CAPEZ, Fernando; CHIMENTI, Ricardo Cunha; ROSA, Elias; FERNANDO, Marcio; SANTOS, Maria Ferreira dos. *Curso de direito constitucional*. 2. ed. São Paulo: Saraiva, 2005. p. 33.

Obstinado a possuir a vantagem de liderar a prova da globalização, o mercado abalou, violentamente, as estruturas do Estado de Direito, obtendo, como consequência, em efeito cascata, a desestabilização da "equipe" dos direitos humanos — as instituições estatais — e o descrédito da própria ideia de democracia.

O fenômeno pomposamente conhecido por "transnacionalização" do mercado representa, atualmente, um influente meio de pressão capitalista a ser exercido sobre o Poder, já não mais integralmente soberano, do Estado de Direito que — na mais vulgar das expressões — "recolhendo o rabo entre as pernas", habitualmente, passou a "engolir milhares de sapos transnacionalizados".

Sem o respaldo do desmoralizado Estado de Direito, a estratégia da "equipe" dos direitos humanos restou prejudicada, encontrando-se em apuros às vésperas da corrida começar para valer. Os conglomerados multinacionais já determinam ao Estado de Direito quais serão os níveis de pesquisa[18] em todos os setores, a capacidade de produção, os investimentos em industrialização, como irá se dar a comercialização, e quanto em moeda poderá ser confeccionado.

Enquanto isso, a representação política e democrática do Estado de Direito assiste à globalização — em posição privilegiada, diga-se — inerte à crise[19] dos direitos humanos, submetendo-se a uma medíocre situação de impotência e submissão, assemelhando-se a uma espécie de "piloto reserva da Ferrari", por possuir uma máquina fantástica nas mãos, mas precisar de autorização para dirigi-la.

Extremamente fragilizadas, as estruturas jurídico-políticas do Estado de Direito tornaram-se alvos fáceis e de vulnerabilidade acentuada à constante pressão imposta pela "transnacionalização" do mercado capitalista. A economia, silenciosamente, tomou a direção do Estado de Direito; e o mercado, roncando os motores e expondo com orgulho as suas propagandas no carro, assumiu o controle da economia mundial. Nessas circunstâncias, as decisões estatais precisam passar pelo crivo de interesses econômicos, autônomos e extremamente poderosos[20] antes de ser implementadas, sob pena da exclusão estatal desta corrida sem volta chamada globalização.

Em outras palavras, o mercado está usurpando o papel político estatal de regulação da sociedade. E se a corrida da globalização não virar bruscamente e tomar um

---

(18) Segundo o Relatório Mundial de Desenvolvimento Humano, 0,2% das atividades mundiais de pesquisa e desenvolvimento no setor de saúde, por exemplo, dizem respeito à pneumonia, tuberculose e diarreia, não obstante tais doenças representarem 18% do total de afecções no mundo inteiro.
(19) O radical do étimo grego – *krei* ou *kri*, o qual corresponde em latim a cerno –, é o mesmo do verbo *krinô*, que possui duas séries de significações: 1) separar, discernir, selecionar e escolher; 2) decidir solucionar, julgar. Em outras palavras pode-se dizer que crise é o ponto culminante de um processo.
(20) Em 1960, a quinta parte mais rica da população mundial dispunha de uma renda média 30 vezes superior à dos 20% mais pobres. Em 1997, essa proporção havia mais do que dobrado: 74 a 1. Entre 1990 e 1998, 50 países conheceram uma redução no índice do produto interno bruto *per capita*. Em apenas cinco anos, de 1994 a 1999, a soma do patrimônio individual das pessoas mais opulentas do mundo mais do que duplicou, ao passar de 440 bilhões de dólares a 1,135 bilhões. A renda dos 582 milhões de habitantes dos países mais pobres do planeta equivale a 10% dessa cifra. Os técnicos do Programa das Nações Unidas para o Desenvolvimento calculam que bastaria um imposto anual de 1% sobre o patrimônio daqueles duzentos nababos para custear a educação de todas as crianças em idade escolar do mundo inteiro.

novo rumo, os direitos humanos estarão destinados a ser recalcados num trágico, incômodo e eterno segundo lugar.

Diante desse quadro, o Estado de Direito encontra-se frente a um desafio urgente e paradoxal. Ao mesmo tempo em que precisa aplicar o seu ordenamento jurídico com eficiência, não quer abrir mão de fazer parte do processo de globalização. Todavia, na globalização ora vigente o Estado ocupa uma posição de inferioridade em relação ao mercado, o que compromete a sua atuação e o seu Poder soberano. Ademais, nesta perspectiva, resta pouca esperança à efetividade dos direitos humanos dada a fragilidade dos instrumentos jurídico-políticos do Estado de Direito.

Dessarte, como recuperar a soberania estatal plena? A jurisdição tradicional é capaz de alcançar o mercado transnacional? Ainda existe esperança para os direitos humanos?

As indagações *supra* relacionam-se, perfeitamente, às perguntas enunciadas no início destas meditações finais. Ao descobrirmos qual é o "troféu" do Grande Prêmio da Globalização e se existem regras à sua obtenção, visualizaremos algumas saídas deste túnel escuro e sombrio no qual ingressou o Estado de Direito. Tais saídas, por sua vez, conduzirão aos meios de controle da globalização, além, é claro, à noção de quais órgãos poderão realizá-lo. Resolvidas tais últimas dúvidas, poderemos, enfim, revelar quem está vencendo a corrida globalizante, avaliando com a devida seriedade se existe, ou não, luz no fim do túnel para os encurralados direitos humanos.

A soberania estatal foi arranhada e, veementemente, amassada após o choque com o mercado transnacional. Para não ser obrigado a deixar a "Pista Globalização" de maneira vergonhosa o Estado de Direito, sem menos embaraço, recolheu-se aos "boxes" à espera dos vencedores da corrida.

Todavia, para não ser expulso, o Estado de Direito também teve de abrir mão de parte da soberania, sendo forçado a rever sua estrutura legislativa para atender à economia sem demonstrar sua absurda ineficiência nos demais aspectos de regulação social.

Destarte, por não ter mais o poder de efetivar o seu ordenamento jurídico frente aos interesses econômicos autônomos e transnacionais, o Estado de Direito ingressou num processo de subjetivização e relativização de suas normas. Isto é, por meio das já usuais normas de conteúdo aberto, tornam-se simplificadas as respostas estatais frente às imposições socioeconômicas, pois na abstenção do agir positivo obrigatório a responsabilidade pelas falhas percebidas, aparentemente, diminui ou acaba esquecida e postergada.

Por conseguinte, o Direito acaba entrando em conflito com os diversos subsistemas inaugurados graças à expansão, por exemplo, da *lex mercatoria*, utilizada para reger os atos do mercado internacional. Ou melhor, a aplicação da norma fundamental passa a ser seletiva e privativa de determinadas parcelas da sociedade.

O ordenamento jurídico que apresentamos não mais condiz com a primazia do interesse da comunidade, sendo incapaz de considerar e atender, ao mesmo tempo, aos interesses gerais e aos anseios especificamente econômicos.

Cada dimensão de direitos humanos exige dos poderes estatais atuação firme e segura para que os primeiros possam ser efetivados, respeitados e resguardados de ocasionais ataques. Além da ingerência do Executivo, do Legislativo e do Judiciário na aplicação dos direitos humanos, também se faz precípua a presença marcante do Ministério Público, seja como órgão agente ou interveniente.[21]

Portanto, regras para a globalização existem, mas não num único e prevalente regulamento. A soberania estatal íntegra deverá garantir a aplicação do seu ordenamento jurídico, pautando as suas atitudes nos louváveis princípios esboçados pelas declarações de direitos humanos.

No entanto, — pergunta-se *Ferdinand Lassale* — como e quando poderemos dizer que uma Constituição escrita é boa e será duradoura? O próprio autor se encarrega de responder:

A resposta é clara [...]: quando essa Constituição escrita corresponder à Constituição real e tiver suas raízes nos fatores do poder que regem o país. [...] Onde a Constituição escrita não corresponder à real irrompe inevitavelmente um conflito que é impossível evitar e no qual, mais dia menos dia, a Constituição escrita, a folha de papel, sucumbirá necessariamente, perante à Constituição real, a das verdadeiras forças vitais do país.[22]

Com um ordenamento jurídico forte, somado e complementado por instrumentos internacionais de proteção aos direitos humanos (como o recente Tribunal Penal Internacional[23]), o Estado de Direito será suficientemente influente para disciplinar e determinar ao mercado transnacional o seu devido lugar na globalização, e, quando necessário, fazendo uso do bom senso da comunidade internacional organizada e fortificada por meio de órgãos como o já citado TPI e a OIT. Entretanto, tudo isso só será válido, bom e duradouro se o Estado de Direito for conhecedor não apenas de suas regras escritas, mas, fundamentalmente, de seus reais e verdadeiros fatores de poder.

Resta-nos saber, outrossim, em que consiste o "troféu" disputado na globalização pelo mercado e pelos direitos humanos? E por que, afinal, a norma fundamental também se encontra num dilema perturbador?

Todas as respostas foram dispostas nos subtítulos deste apertado ensaio científico. O desafio maior do Estado de Direito frente ao embate entre os direitos humanos e o mercado se resume em resguardar a norma fundamental, pelo menos, até o

---

(21) LEITE, Carlos Henrique Bezerra. *Ministério Público do Trabalho:* doutrina, jurisprudência e prática. 3. ed. São Paulo: LTr, 2006. p. 120-129.
(22) LASSALE, Ferdinand. *A essência da Constituição.* Rio de Janeiro: Lumen Juris, 2002. p. 27.
(23) CHOUKR, Fauzi Hassan; AMBOS, Kai. *Tribunal penal internacional.* São Paulo: Revista dos Tribunais, 2000. p. 245-287.

término da corrida da globalização. Sim! A própria norma fundamental é quem dá forma a tão brigado "troféu", sem querer, colocado em jogo pelas irresponsabilidades de um Estado de Direito ineficiente na condução e regulação da sociedade moderna.

Os pesadelos da norma fundamental agora são ainda mais facilmente perceptíveis, pois terá de submeter-se às vontades dos "vencedores" da globalização. Se os direitos humanos vencerem, conduzindo a humanidade ao iluminado caminho do pódio, a norma fundamental poderá tranquilizar-se ao sabor doce e borbulhante da champanhe vitoriosa. Do contrário, terá de experimentar o constrangimento implícito hoje vivenciado em seu lugar pelo acanhado Estado de Direito.

A corrida Globalização rompeu fronteiras, abrindo-as à livre e indiscriminada circulação de capital e de consumo. Todavia, ironicamente, acabou também as fechando para milhões de pessoas em todo o globo, inexplicavelmente excluídas do processo por decisões arbitrárias. Mas será mesmo necessária a manutenção desta corrida insana e desmedida? Não existirá nenhuma forma de revermos tais circunstâncias e, assim, possibilitarmos a reestruturação da ideia de justiça? Se a norma fundamental — atordoada e aterrorizada — não disponibiliza expressamente estas saídas, para quem devemos olhar — à procura de referência — e para onde dirigir nestes caminhos de penumbra?

Na Fórmula 1 existe uma brecha no regulamento para suspender a corrida e, noutra ocasião, dar início a uma nova, anulando-se a primeira prova sem que nenhum piloto seja beneficiado com tal término forçado. Se o circuito for bloqueado por um grave acidente, ou as condições climáticas representarem risco de vida para os pilotos e demais presentes, as luzes vermelhas serão acesas, as bandeiras (também vermelhas) serão agitadas e a competição será paralisada. Os carros se recolherão aos "boxes" para planejar os seus futuros movimentos e aguardar a próxima chance de vencer seus oponentes. Tudo depende do alvedrio discricionário de um só homem, isto é, da decisão monocrática do diretor da prova.

Para suspender a globalização vigente e, assim, conceder novas e esperançosas forças aos direitos humanos é necessário demonstrar e, mais do que isso, alardear os gravíssimos problemas sociais que, usualmente, atravancam a harmonia, a regularidade e a coerência necessárias à legitimação de qualquer sistema. Se tal desastre gritante não se caracteriza por ser um "acidente interrompendo a pista", confessamos, melancolicamente, que nada mais o será. E, neste mesmo sentido, se os já frequentes atentados terroristas, somados às construções mirabolantes do crime organizado, não constituem — juntos ou separadamente considerados — "condições climáticas representando risco de vida aos presentes", outra vez, teremos de sofrer e lamentar, pois, nada mais o será.

O terrorismo só irá ceder à paz se forem antes vencidas as suas mais profundas e primeiras raízes sociopolíticas, o que, certamente, irá demandar bem mais ações, efetivamente, pensantes do que operações militares — ridiculamente brutais e, enganosamente, salvadoras — para destruir países como o Iraque e o Afeganistão.

A verdadeira guerra deve ser travada contra o desemprego, contra a miséria, contra a fome, contra a dívida externa dos "subdesenvolvidos", e contra a exclusão social generalizada.

Investiguemos — se é que tal seja necessário, dada a obviedade dos investigados — qual país ou pessoa detém o maior poder decisório na corrida globalizante, equivalendo ao diretor da prova na Fórmula 1; e façamos mobilizações na "arquibancada" até que, enfim, sejamos escutados com o devido respeito! Tendo sido identificado o rei do capitalismo e maior incentivador da política neoliberal; e demonstradas as perversidades da crise moderna, ainda restará uma simples, conhecida e perturbadora questão: quem ousaria dizer que o rei estava nu?

Um outro mundo — mais justo e igualitário — ainda é possível, porém, não basta ficarmos na torcida. Precisamos ousar e correr atrás...

Referências Bibliográficas

ALEXY, Robert. *Teoria de los derechos fundamentales.* Madrid: Centro de Estudios Constitucionales, 1997.

ALMEIDA, André Luiz Paes de. *Direito do trabalho:* material, processual e legislação especial. 3. ed. revista. São Paulo: Rideel, 2007.

ÁVILA, Humberto. *Teoria dos princípios:* da definição à aplicação dos princípios. São Paulo: Malheiros, 2008.

BALTAR, Paulo; KREIN, José D.; MORETTO, Amilton. O emprego formal nos anos recentes. *Carta Social e do Trabalho,* Campinas, Unicamp/CESIT, n. 3, jan./abr. 2006.

BARROS, Alice Monteiro de. *Curso de direito do trabalho.* São Paulo: LTr, 2008.

BONAVIDES, Paulo. *Curso de direito constitucional.* 12. ed. São Paulo: Malheiros, 2002.

CACCIAMALI, M. C. Proceso de informalidad y sector informal: reexamen de una discusión. *Revista Venezolana de Economía y Ciencias Sociales,* Caracas, Universidad Central de Venezuela, v. 6, n. 3, p. 95-110, 2000.

CAMPOS, Fernando Arruda. *Tomismo no Brasil.* São Paulo: Paulus, 1998.

CANOTILHO, José Joaquim Gomes. *Direito constitucional e a teoria da Constituição.* 3. ed. Coimbra: Almedina, 1999.

CAPEZ, Fernando; CHIMENTI, Ricardo Cunha; ROSA, Elias; FERNANDO, Marcio; SANTOS, Maria Ferreira dos. *Curso de direito constitucional.* 2. ed. São Paulo: Saraiva, 2005.

CASTELLS, Manuel. *A sociedade em rede (a era da informação:* economia, sociedade e cultura). São Paulo: Paz e Terra, 1999. v. 1.

CASTEL, Robert. *As metamorfoses da questão social:* uma crônica do salário. Petrópolis: Vozes, 1998.

CHARDIN, Pierre Teilhard de. *O fenômeno humano.* São Paulo: Herder, 1965.

CHIARELLI, Carlos Alberto. *Temas contemporâneos na sociedade do trabalho.* São Paulo: LTr, 2007.

CHOUKR, Fauzi Hassan; AMBOS, Kai. *Tribunal penal internacional.* São Paulo: Revista dos Tribunais, 2000.

COMPARATO, Fábio Konder. *A afirmação histórica dos direitos humanos.* São Paulo: Saraiva, 2001.

CORREIA, Marcus Orione Gonçalves (org.). *Curso de direito do trabalho.* São Paulo: LTr, 2007. v. 1: Teoria geral do direito do trabalho.

COTRIM, Gilberto. *História global*: Brasil e geral. 5. ed. São Paulo: Saraiva, 1999.

_____ . *Curso de direito do trabalho*. Organizador Luiz Souto Maior e Marcus Orione Gonçalves Correia. São Paulo: LTr, 2008 — (Coleção Paulo Vidal Neto). v. 2: Direito individual do trabalho.

DELGADO, Mauricio Godinho. *Curso de direito do trabalho*. São Paulo: LTr, 2003.

FLEISCHMANN, Osvaldo Renato. *Processo do trabalho*: orientação básica. São Paulo: LTr, 1995.

GIGLIO, Wagner D. *Direito processual do trabalho*. 10. ed. São Paulo: Saraiva, 1997.

GOMES, Orlando; GOTTSCHALK, Elson. *Curso de direito do trabalho*. 14. ed. Rio de Janeiro: Forense, 1998.

GORZ, André. *Adeus ao proletariado*: para além do socialismo. Rio de Janeiro: Forense Universitária, 1987.

HOBSBAWM, E. *Era dos extremos*: o breve século XX — 1914-1991. São Paulo: Companhia das Letras, 1995.

IBGE. *Economia informal urbana* — 1997. Rio de Janeiro: IBGE, 1999.

IHERING, Rudolf Von. *A luta pelo direito*. Tradução de Pietro Nasseti. São Paulo: Martin Claret, 2002.

LACAMBRA, Luis Legaz y. *El Estado de derecho en la actualidad*. Madrid: Reus, 1934.

LASSALE, Ferdinand. *A essência da Constituição*. Rio de Janeiro: Lumen Juris, 2000.

LEITE, Carlos Henrique Bezerra. *Curso de direito processual do trabalho*. 4. ed. São Paulo: LTr, 2006.

_____ . *Ministério Público do Trabalho:* doutrina, jurisprudência e prática. 3. ed. São Paulo: LTr, 2006.

LENZA, Pedro. *Direito constitucional esquematizado*. 10. ed. São Paulo: Método, 2006.

LIMA, Francisco Meton Marques de. *Manual de direito constitucional*. São Paulo: LTr, 2005.

_____ . *Elementos de direito do trabalho e processo trabalhista*. 11. ed. São Paulo: LTr, 2005.

LIPIETZ, A. *Miragens e milagres:* problemas de industrialização no terceiro mundo. São Paulo: Nobel, 1988.

MALAGUTI, M. L. *Crítica à razão informal:* a imaterialidade do salariado. São Paulo: Boitempo; Vitória: EDUFES, 2000.

MARTINS, Nei Frederico Cano; MAUAD, Marcelo José Ladeira. *Lições de direito individual do trabalho* I. 3. ed. São Paulo: LTr, 2008.

MARTINS FILHO, Ives Gandra da Silva. *Manual esquemático de direito e processo do trabalho*. 16. ed. rev. e atual. São Paulo: Saraiva, 2008.

MARTINS, Sergio Pinto. *Direito do trabalho*. 8. ed. São Paulo: Atlas, 2007 (Série Fundamentos Jurídicos).

_____ . *Comentários à CLT*. 6. ed. São Paulo: Atlas, 2003.

MENDES, Gilmar Ferreira; COELHO, Inocêncio Mártires; BRANCO, Paulo Gustavo Gonet. *Curso de direito constitucional.* São Paulo: Saraiva, 2007.

MIRANDA, Francisco Cavalcanti Pontes de. *Comentários à Constituição de 1946.* Rio de Janeiro: Henrique Cahen, v. I.

MONTESQUIEU, Charles de Secondat. *O espírito das leis.* São Paulo: Martins Fontes, 1996.

MORAES, Alexandre de. *Direito constitucional.* São Paulo: Atlas, 2004.

QUINTANA, Mário. *A cor do invisível.* Rio de Janeiro: Globo, 2007.

RADBRUCH, Gustav. *Introducción a la filosofía del derecho.* México: Fondo de Cultura, 1951.

REVISTA da Academia Nacional de Direito do Trabalho, ano XV, n. 15; O direito e o processo do trabalho em transformação. São Paulo: LTr, 2007.

REVISTA Associação Nacional dos Magistrados Trabalhistas, n. 32. São Paulo: LTr, 1997.

REVISTA Crítica Marxista. São Paulo: Brasiliense, 1996. v. 1.

REVISTA de Direito do Estado, Rio de Janeiro: Renovar, n. 1, jan./mar. 2006.

ROCHA, Carmen Lúcia Antunes (org.). *Constituição e segurança jurídica:* direito adquirido, ato jurídico perfeito e coisa julgada. Estudos em homenagem a José Paulo Sepúlveda Pertence. Belo Horizonte: Fórum, 2004.

RODRIGUES, Américo Plá. *Princípios de direito do trabalho.* 5. ed. Tradução de Wagner D. Giglio. São Paulo: LTr, 1997.

RODRIGUES PINTO, José Augusto. *Processo trabalhista de conhecimento.* 7. ed. São Paulo: LTr, 2005.

ROUSSEAU, Jean-Jacques. *O contrato social.* 4. ed. São Paulo: Martins Fontes, 2006.

SAAD, Eduardo Gabriel. *Curso de direito processual do trabalho.* São Paulo: LTr, 2007.

SÁINZ, Juan P. P. Maquila y trabajo en CentroAmérica. *Revista Latinoamericana de Estudios del Trabajo.* México: Alast, v. 2, n. 2, p. 29-48, 1996.

SARAMAGO, José. *A caverna.* São Paulo: Companhia das Letras, 2003.

SARLET, Ingo Wolfgang (org.). *O novo Código Civil e a Constituição.* Porto Alegre: Livraria do Advogado, 2003.

_____ . *Dignidade da pessoa humana e direitos fundamentais.* 4. ed. Porto Alegre: Livraria do Advogado, 2006.

_____ . *A eficácia dos direitos fundamentais.* 7. ed. Porto Alegre: Livraria do Advogado, 2007.

SCHWARZ, Rodrigo Garcia. *Direito do trabalho.* Rio de Janeiro: Elsevier, 2007.

SICHES, Luis Recasens. *Nueva filosofia de la interpretación del derecho.* Mexico: Fondo de Cultura Economica, 1956.

SILVA, José Afonso da. *Curso de direito constitucional positivo.* 19. ed. São Paulo: Malheiros, 2001.

SILVA, Patrícia P. *A nova informalidade na região metropolitana de Salvador*: emprego e desemprego. Salvador: SEI, 2003. (Estudos e pesquisas, 62).

SODRÉ, Nelson Werneck. *A farsa do neoliberalismo*. Rio de Janeiro: Graphia, 1995.

SÓFOCLES. *Antigona*. São Paulo: L&PM, 2001.

STRENGER, Irineu. *Direito do comércio internacional e* lex mercatoria. São Paulo: LTr, 1996.

THEODORO JÚNIOR, Humberto. *Comentários ao novo Código Civil*. 2. ed. Rio de Janeiro: Forense, 2003. v. 2.

VERDÚ, Pablo Lucas. *La lucha por el Estado de derecho*. Bolonia: Real Colegio de España, 1975.

WEBER, Max. *Economia y sociedad*. México: Fondo de Cultura Economica, 1964.